Stephan Wiesend

Digitale Welt für Einsteiger

Noch mehr geniale Apps
für iPhone & Android

Inhaltsverzeichnis

4 Apps installieren und verwalten
- 5 60 geniale Apps
- 7 Apps auf dem iPhone
- 13 Apps auf dem Android-Smartphone
- 18 Gute Apps erkennen

20 Kreativität & Effekte
- 21 Ihr Smartphone als Film- und Fotostudio
- 22 Snapseed
- 24 Boomerang
- 26 InShot
- 28 Canva
- 30 Perfect365
- 32 Face App

34 Achtsamkeit & Gesundheit
- 35 Ihr Smartphone als Gesundheits-Coach
- 36 Insight Timer
- 38 Ada
- 40 Arznei aktuell
- 42 Migräne-App
- 44 Pollenflug
- 46 Pflotsh

48 Reise & Natur
- 49 Ihr Smartphone als Reisebegleiter
- 50 Bergfex Touren
- 52 Spotted by Locals
- 54 Virtlo
- 56 dict.cc
- 58 SkyView
- 60 Pilzator/Pilz Erkenner
- 62 NABU Vogelwelt

64 Verkehr & Mobilität
- 65 Ihr Smartphone als Navigator
- 66 BikeCitizens
- 68 Google Maps
- 70 Moovit
- 72 WeShare
- 74 Marine Navigator
- 76 VesselFinder

78 Produktiv arbeiten
- 79 Ihr Smartphone als Bürohilfe
- 80 Spark
- 82 Google Docs
- 84 IFTTT
- 86 Evernote
- 88 Adobe Scan
- 90 Jitsi
- 92 Teams

94 Smartphone konfigurieren
- 95 Ihr Smartphone in Schuss halten
- 96 Google Files
- 98 TeamViewer
- 100 Adblock Plus
- 102 Geekbench
- 104 Fing
- 106 AccuBattery

108 Essen & Ernährung
- 109 Ihr Smartphone als Küchenchef
- 110 Kitchen Stories
- 112 Our Groceries
- 114 Too good to go
- 116 Happy Cow
- 118 Zero Fasting Tracker
- 120 Kalorienzähler von FatSecret

Stiftung Warentest | Noch mehr geniale Apps

54

Ihnen per Augmentend Reality ganz einfach zeigen, in welcher Richtung Ihr Ziel liegt: das kann die App Virtlo.

112

Dafür sorgen, dass beim Einkauf nichts vergessen wird: das kann Our Groceries.

142

Podcasts finden, die Sie wirklich interessieren, und Ihre Lieblingscasts verwalten: das kann die App Castbox.

122 Finanzen & Börse
123 Ihr Smartphone als Finanzverwalter
124 Outbank 360°
126 Finanzblick
128 Finanzen.net
130 Klarna
132 Trade Republic

134 Musik & Podcasts
135 Ihr Smartphone als Musikplayer
136 Soundcloud
138 Spotify
140 Music Maker Jam
142 Castbox
144 VLC

146 Privatsphäre & Sicherheit
147 Ihr Smartphone anonymer nutzen
148 1.1.1.1
150 Threema
152 Signal
154 DuckDuckGo
156 1Password
158 Avira Phantom VPN

160 Smartphone sichern, Daten schützen
161 Was bedeutet App-Sicherheit?
162 Virenschutz fürs Smartphone
164 Updates und der Schutz durch das System
166 App-Berechtigungen
169 Authentifizierung
171 Weitere Risiken und Schutzmöglichkeiten

174 Stichwortverzeichnis

Apps installieren und verwalten

Was ist das Erfolgsgeheimnis der Smartphones? Sicher, man kann damit telefonieren, SMS schreiben und Fotos machen, auch die Hardware ist oft beeindruckend. Doch wirklich smart werden die Mobiltelefone erst durch geniale Apps. Bevor wir Ihnen 60 davon vorstellen, erklären wir Ihnen, wie Sie Apps aussuchen, installieren und auch wieder löschen.

60 geniale Apps

Die Bedeutung von Software wird oft unterschätzt. Als Apple 2008 das iPhone vorstellte – kurz vor der Präsentation von Android – waren alle von der coolen Touchscreen-Bedienung und dem eleganten Design begeistert. Es waren aber wohl nicht zuletzt geniale mobile Apps, die das iPhone und das Android-Smartphone zum weltweiten Erfolg machten. Wie kaum eine andere Technologie zuvor veränderten sie alle Bereiche unseres Lebens.

Warum heißen Mobilprogramme eigentlich Apps?
Der Begriff „App" ist alltäglich geworden. Er bedeutet eigentlich nichts anderes als „Application", das englische Wort für ein Computerprogramm. Der Name hat sich aber in Deutschland als Bezeichnung speziell für Smartphone-Programme eingebürgert, nicht zuletzt, um sie von Desktop-Programmen abzugrenzen. Dafür gibt es gute Gründe, unterscheiden sich die Konzepte der Mobilprogramme doch oft stark von herkömmlichen PC-Anwendungen. Viele basieren auf völlig neuen Technologien und Onlinediensten.
Manchmal handelt es sich bei einer App nur um eine simple Bedienoberfläche für einen Webdienst, manchmal aber auch um ein hochkomplexes Programmpaket. Hinter den Smartphone-Apps steht zudem ein stetig wachsendes Milliardengeschäft. So wird der App Store von Apple jede Woche von einer halben Milliarde Menschen besucht und die Umsätze sind immens – vor allem wenn man die Gebühren für Dienste wie Tinder, Netflix, Zeitungs-Abos, Online-Games und Streaming dazuzählt.

Noch mehr geniale Apps

In diesem Ratgeber, der eine Fortsetzung des Buches „Geniale Apps für iPhone & Android" ist, stellen wir Ihnen 60 innovative Apps vor, die Ihren Alltag erleichtern. Das Vorgängerbuch zu kennen, ist dafür natürlich keine Voraussetzung – zumal die Vielfalt an Apps mittlerweile derart groß ist, dass sich mit empfehlenswerten Apps problemlos (mindestens) zwei Bücher füllen lassen.

Aufgeteilt sind die Apps in zehn Lebensbereiche wie Finanzen, Ernährung, Kreativität und Produktivität. Jede der Apps wird ausführlich vorgestellt, Sie sehen ihre wichtigsten Merkmale und Besonderheiten auf einen Blick und erhalten eine Kurzanleitung zur Nutzung der App bzw. einer besonders interessanten Funktion.

So haben wir die Apps ausgewählt

Die Apps, die Sie in diesem Buch finden, sind nützlich im Alltag, hilfreich in bestimmten Situationen oder einfach nur sehr unterhaltsam. Alle haben darüber hinaus das gewisse Etwas – beispielsweise eine besonders praktische Funktion, technische Vorzüge oder eine originelle Grundidee –, was sie zu einer wirklich genialen App macht. Von der Stiftung Warentest untersucht wurde nur ein Teil der Apps; wo es entsprechende Tests gibt, werden diese in der Beschreibung erwähnt.

Wir haben uns bemüht, nur Apps vorzustellen, die sowohl unter Android als auch unter iOS verfügbar sind. Die Unterschiede sind oft sehr gering: Eine App kann auf einem iPhone oder Android-Smartphone zwar sehr unterschiedlich aussehen, die Funktionen sind aber meist so gut wie identisch und unsere Anleitungen und Tipps gelten fast immer für beide App-Versionen. Wenn es doch wichtige Unterschiede gibt, weisen wir darauf hin.

Fast alle Apps im Buch sind außerdem kostenlos nutzbar oder bieten zumindest eine kostenlose (Test-)Version, auch wenn zusätzliche Funktionen bei vielen Apps über eine Gebühr freigeschaltet werden müssen – immer öfter über ein Abo.

> **Tipp**
>
> **Tablet und Smartwatch:** So gut wie alle getesteten Apps sind sowohl auf einem Smartphone als auch auf einem Tablet nutzbar, für manche Apps gibt es Versionen für eine Smartwatch. Die überwiegende Zahl der Nutzer verwendet Apps allerdings auf einem Smartphone, weshalb wir aus Platzgründen auf die Tablet-Version nicht näher eingehen. Nähere Informationen und Fotos zu diesen Versionen sind über die App Stores verfügbar.

Eine Einschränkung ist aber unvermeidbar: Die Entwicklung in den App Stores ist rasant und Apps werden regelmäßig überarbeitet. Es lässt sich deshalb nicht verhindern, dass manche Apps bald anders aussehen oder einen anderen Preis erhalten als hier im Buch. Bei den Apps, die von der Stiftung Warentest geprüft wurden, bezieht sich das Testurteil ebenfalls nur für die jeweils getestete Version.

Apps auf dem iPhone

Sie wollen unter iOS eine App installieren und kennen ihren Namen? Die einfachste Methode, die App zu installieren, ist die Suchfunktion im App Store. Starten Sie auf Ihrem iPhone die App App Store und tippen Sie unten rechts auf das *Lupen*-Symbol. Sie können nun in der Suchfunktion den Namen der gesuchten App eingeben, dann sehen Sie eine Liste an Apps, als Vorschau werden einige Informationen und Screenshots angezeigt. Über den Button *Laden* können Sie die Installation sofort starten. Statt *Laden* sehen Sie einen Button *Öffnen*? Dann ist die App bereits auf Ihrem Gerät installiert und Sie können sie per Antippen öffnen.

Apps zu bestimmten Themen finden

Der App Store präsentiert beim Start eine Übersicht interessanter und beliebter Apps zu allen Themen. Oft suchen Sie aber eine App für eine bestimmte Aufgabe, etwa eine mit Kochrezepten. Wollen Sie im App Store eine solche App finden, können Sie wahlweise „Rezept" in die Suchfunktion eingeben oder gezielt die zugehörige Kategorie des App Stores aufrufen – in diesem Fall *Essen und Trinken*. So finden Sie die Kategorien:

❶ Tippen Sie zuerst auf *Apps*.
❷ Scrollen Sie dann nach unten, bis zum Eintrag *Top-Kategorien* – eine Art Katalog des App Store.
❸ Unter *Alle anzeigen* finden Sie hier mehrere Dutzend Kategorien wie *Dienstprogramme*, *Finanzen*, *Reisen* oder *Musik*. Die Apps in diesen Kategorien sind gut sortiert, es gibt auch Listen der beliebtesten Apps der jeweiligen Kategorie.

Informationen über die App prüfen

Falls Sie eine App nicht bereits gut kennen, sollten Sie sich die App vor der Installation etwas näher ansehen. Dazu tippen Sie auf den Eintrag in den Suchergebnissen, und die Informationsseite zu der App öffnet sich. Hier finden Sie alle wichtigen Informationen.

Direkt unter dem App-Symbol sehen Sie die Bewertungen der App, eine Art „Note" der Nutzer. Hier sollten Sie vor allem auf sehr niedrige Bewertungen achten, diese sind ein Alarmsignal. Auch die Anzahl der Bewertungen ist ein Hinweis, beliebte Apps haben oft Tausende an Bewertungen. Auf das Thema Bewertungen gehen wir auf S. 19 noch näher ein.

Der Eintrag *Neue Funktionen* stammt vom Hersteller der App und führt auf, welche Neuerungen die aktuelle

Version der App bringt. Oft sind hier aber nur kleine Verbesserungen aufgelistet. Wichtiger sind einige Fotos der App, die ihre Bedienoberfläche zeigen. Gibt es eine iPad- oder Apple-Watch-Version, finden Sie hier auch Fotos der Tablet- und Smartwatch-Oberfläche. Unterhalb der Screenshots ist der Beschreibungstext der App zu finden.

→ Der Beschreibungstext

Im Beschreibungstext, der leider manchmal nur in englischer Sprache verfügbar ist, erfahren Sie mehr über die Funktionen der App und über den Hersteller. Was Sie beachten sollten: Der Text stammt vom Entwickler der App selbst, nicht von Apple oder einer unabhängigen Redaktion. Sehr wichtig ist außerdem der letzte Teil des Textes, hier ist nämlich meist der Preis von Abos und In-App-Käufen zu finden.

Unterhalb des Beschreibungstextes finden Sie Nutzerkommentare zu der App.

Den Erwerb der App bestätigen

Für den Erwerb einer App benötigen Sie ein Konto bei Apple, eine sogenannte Apple ID. In einem Infofenster müssen Sie beim Kauf Ihre Identität bestätigen, wahlweise per Eingabe von Nutzername und Passwort, Fingerabdruck oder FaceID – die beiden letzteren Methoden sind besonders komfortabel (mehr dazu auf S. 169).

Bezahlmethoden

Wird für eine App ein Preis verlangt oder muss für die Nutzung ein kostenpflichtiges Abo abgeschlossen werde, sehen Sie statt *Laden* eine Preisangabe wie *8,99 €*. Für den Kauf muss dann unter Ihrem Account eine Bezahlmethode eingetragen sein. Diesen Eintrag finden Sie in den Systemeinstellungen unter *Apple ID*, *Zahlung und Versand*. Verschiedene Bezahlvarianten sind möglich, unterstützt werden Kreditkarten, die Apple-eigene Bezahlvariante Apple Pay, PayPal und Bezahlung per Handyrechnung. Eine weitere Alternative sind

> **Tipp**
>
> **Interessant für Familien:** Es gibt noch eine weitere Bezahlmethode in Apples App Store, Sie können die Funktion *Familienfreigabe* aktivieren. Andere Familienmitglieder erhalten so den Zugriff auf Ihr Guthaben und können Apps kaufen.

Guthabenkarten, die zu Beträgen von 15 bis 100 Euro über den Einzelhandel erhältlich sind. Diese Karten enthalten einen einzigartigen Code, den Sie in der App eingeben. Ihr Konto wird dann mit dem gekauften Betrag aufgeladen.

Kauf stornieren

Haben Sie versehentlich eine zu teure App gekauft, können Sie den Kauf noch stornieren. Vor allem direkt nach dem Kauf wird dies meistens problemlos akzeptiert. Dazu müssen Sie eine spezielle Webseite aufrufen: reportaproblem.apple.com. Nach einer Anmeldung sehen Sie hier all Ihre App-Einkäufe aufgelistet und können eine Rückerstattung beantragen.

Apps verwalten

Haben Sie eine App einmal erfolgreich installiert, ist die Verwaltung unter iOS und Android sehr ähnlich: Die App-Symbole werden in einer Übersicht angeordnet, einige häufig benötigte Apps wie Browser und Kamera-App können Sie am unteren Bildschirmrand als Favoriten ablegen, um schnell darauf zugreifen zu können. Der größte Unterschied: Unter iOS landet jede neu installierte App auf dem Home-Bildschirm des Gerätes, Sie sehen hier nach der Installation das App-Symbol. Dadurch war die App-Verwaltung unter iOS bisher vergleichsweise einfach. Mit iOS 14 hat Apple dies aber etwas geändert, erfahrenen Anwendern stehen dadurch neue Verwaltungsmöglichkeiten zur Verfügung.

Neu: App-Verwaltung unter iOS 14

Ab iOS 14 können Sie Apps auf dem Home-Bildschirm ausblenden. Das funktioniert so:

1. Tippen Sie einige Sekunden auf ein App-Symbol, ein Kontextmenü öffnet sich.
2. Wählen Sie die Option *App entfernen*.
3. Sie sehen nun die Optionen *Löschen* und *Vom Home-Bildschirm entfernen*.
4. Wenn Sie die zweite Option auswählen, wird die App nicht gelöscht, ist aber nicht mehr auf dem Home-Bildschirm zu sehen, sondern nun in der Mediathek.
5. Sie können auch Seiten des Home-Bildschirms ausblenden: Wählen Sie *Home-Bildschirm bearbeiten* und tippen auf die Navigationspunkte unten.

Die Möglichkeit, Apps auszublenden, macht eine neue Übersicht aller installierten Apps notwendig. Deshalb führte Apple mit iOS 14 die sogenannte App-Mediathek ein. Diese App-Übersicht rufen Sie wie folgt auf:

1. Navigieren Sie zum letzten Homescreen.
2. Bewegen Sie Ihren Finger mit einer Streichgeste von rechts nach links, als würden Sie einen weiteren Homescreen aufrufen.

Die Apps sind in der Mediathek nach Themen sortiert und können per Antippen gestartet werden. Durch ein langes Antippen einer App in der Mediathek können Sie ausgeblendete Apps wieder einblenden.

Oben in der Mediathek ist auch eine Suchfunktion zu sehen, hier können Sie gezielt nach einer App suchen. Tippen Sie in das Suchfeld, sehen Sie eine weitere neue Ansicht der Apps, eine alphabetische Übersicht.

Apps deinstallieren

Sie wollen eine iOS-App nicht mehr verwenden und von Ihrem iPhone entfernen? Am einfachsten ist die Deinstallation über den Home-Bildschirm. Gehen Sie wie folgt vor:

1. Tippen Sie einige Sekunden auf das Symbol der App, bis sich ein Menü öffnet.
2. Hier sehen Sie unter anderem die Option *App löschen*. Wenn Sie nur eine einzelne App löschen wollen, wählen Sie diese Option aus.
3. Wenn Sie gleich mehrere Apps deinstallieren wollen, wählen Sie stattdessen die Option *Home-Bildschirm bearbeiten*. Die App-Symbole fangen an, sich zu bewegen, und ein kleines schwarzes Kreuz ist neben den Apps zu sehen. Mit Antippen des Kreuzes können Sie nun mehrere Apps löschen.
4. Mit einer Streichbewegung nach oben oder einem Antippen des Homebuttons (je nach Modell) beenden Sie diesen „Wackelmodus" wieder.

Abos kündigen

Ein bestehendes Abo wird durch die Deinstallation einer App nicht beendet, es läuft weiter. Sie müssen es separat kündigen. Unter iOS finden Sie Ihre Abos unter der Einstellung *Apple ID* und dort unter *Abonnements*.

Apps auf dem Android-Smartphone

Unter Android haben Sie zwei Möglichkeiten, eine App zu installieren: Sie können auf dem Smartphone die App Play Store benutzen oder Sie rufen an einem Desktop-Rechner die Webseite play.google.com auf. Die Smartphone-App ist der einfachere Weg. Sie wollen eine bestimmte App installieren? Geben Sie den Namen in der Suchfunktion ein. Das Tool blendet eine Übersicht an Apps zu diesem Suchbegriff ein, mit dem Button *Installieren* beginnt sofort die Installation. Unterhalb des App-Namens werden Sie informiert, ob die App Werbung anzeigt und In-App-Käufe anbietet.

Apps zu bestimmten Themen finden

Der Play Store präsentiert beim Start eine Übersicht beliebter Apps zu allen Themen, nach einiger Zeit bekommen Sie außerdem von Google Empfehlungen für Apps. Oft suchen Sie aber eine App für eine bestimmte Aufgabe, etwa mit Kochrezepten. Sie können dazu „Rezept" in die Suchfunktion eingeben oder gezielt die zugehörige Kategorie des Stores aufrufen:

1. Tippen Sie unterhalb des Suchfensters auf den Eintrag *Kategorien*.
2. Der Play Store listet nun die verfügbaren Kategorien auf, Sie wählen beispielsweise *Essen & Trinken*.
3. Nun sehen Sie ausgewählte Apps der jeweiligen Kategorie, Apps zu Themen wie „Köstlich Kochen", „Shoppen" und Besten-Listen.

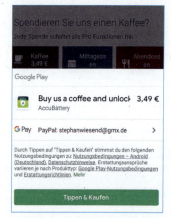

Informationen über die App prüfen

Bei einer unbekannten App sollten Sie sich die App vor dem Download etwas näher ansehen. Rufen Sie die Informationsseite dieser App auf. Direkt unter dem App-Symbol sehen Sie bereits die Bewertung der App, eine Art „Note" der Nutzer. Hier sollten Sie vor allem auf sehr niedrige Bewertungen achten, diese sind ein Alarmsignal. Auch die Zahl der Rezensionen und Downloads ist wichtig, gute Apps haben oft sehr viele Nutzer und Tausende an Bewertungen. Auf das Thema Bewertungen gehen wir auf S. 19 noch näher ein.

→ **Der Beschreibungstext**
Der Eintrag „Über diese App" ist der Beschreibungstext, der vom Hersteller der App verfasst wird. Leider ist er manchmal nur in englischer Sprache verfügbar. Hier erfahren Sie mehr über die Funktionen und auch über den Preis von Abos und In-App-Käufen. Sehr nützlich sind Fotos der App, die die Bedienoberfläche zeigen.

Unterhalb des Beschreibungstextes sind Nutzerkommentare zu finden.

Eine App herunterladen und kaufen

Nach dem Tippen auf *Installieren* startet sofort der Download, die Dauer der Installation hängt von der Größe der App ab.

Handelt es sich um eine kostenpflichtige App, werden Sie darüber beim Start der App informiert. Üblicherweise können Sie die App einige Tage kostenlos nutzen, doch dann muss sie über den Play Store bezahlt werden. Die App blendet dazu ein kleines Fenster des Play Stores ein. Zuerst müssen Sie den Nutzungsbedingungen zustimmen, dann sehen Sie das Fenster für den Bezahlvorgang und den genauen Preis. Mit dem Button *Tippen & Kaufen* bestätigen Sie den Kauf bzw. Abschluss eines Abos.

Bezahlmethoden

Damit Sie eine App kaufen oder ein Abo abschließen können, müssen Sie für Ihren Account eine Bezahlmethode auswählen. Tippen Sie dazu im Play Store auf die drei Linien oben links, dann öffnet sich ein Konfigurationsmenü. Tippen Sie hier auf *Zahlungsmethoden*. Verschiedene Bezahlvarianten sind möglich. Unterstützt werden Kreditkarten, Paysafecard, PayPal und die Abrechnung über Ihren Mobilfunkanbieter, aber auch Geschenkkarten. Letztere sind Guthabenkarten, die zu Beträgen von 15 bis 100 Euro über den Einzelhandel erhältlich sind. Die Karten enthalten einen einzigartigen Code, den Sie über die Option *Code einlösen* in Google Play eingeben. Ihr Konto wird dann mit dem Betrag, den Sie zuvor für die Karte bezahlt haben, aufgeladen.

Kauf stornieren

Haben Sie versehentlich eine zu teure App gekauft, können Sie den Kauf noch stornieren. Für 48 Stunden nach dem Kauf ist eine Rückerstattung über den Play Store möglich.

1. Rufen Sie dazu die Webseite des Play Stores unter play.google.com auf (über die App ist das nicht möglich).
2. Nach einer Anmeldung tippen Sie auf der linken Seite auf *Konto* und dann auf *Bisherige Käufe*.
3. Hier wählen Sie *Erstattung beantragen*.

Falls Sie auf diesem Weg keinen Erfolg haben, können Sie sich auch direkt an den Entwickler der App wenden.

Apps verwalten

Apps werden, wie bei iOS, durch Symbole dargestellt, häufig verwendete Apps finden sich am unteren Bildschirmrand bzw. können dort platziert werden. Bei Android gibt es außerdem zwei Aufbewahrungsorte:

▶ **Startbildschirm:** Auf dem Startbildschirm (auch Home-Bildschirm genannt) sehen Sie Symbole vieler Apps. Diese verteilen sich auf mehrere Bildschirme, die Sie durch Wischen erreichen.

▶ **Ansicht „Alle Apps":** Wie der Name der Ansicht schon vermuten lässt, finden Sie nur unter *Alle Apps* (auch App-Bildschirm genannt) wirklich alle Apps. Diese sind dort alphabetisch aufgelistet. Diese Ansicht rufen Sie über eine Streichbewegung nach oben auf.

Nicht alle Apps werden nach der Installation auf dem Startbildschirm landen. Dieser ist nur für die wichtigsten Apps gedacht. Sie können aber jede App auf Wunsch auch auf dem Startbildschirm platzieren:

❶ Tippen Sie unter *Alle Apps* auf das Symbol der App.
❷ Halten Sie die App gedrückt und ziehen Sie sie.
❸ Sie sehen dann Bilder der einzelnen Startbildschirme und können die App dorthin „kopieren".

Ebenso können Sie selten benötigte Apps vom Startbildschirm entfernen, das funktioniert sehr ähnlich:

❶ Halten Sie die App auf dem Startbildschirm gedrückt und ziehen Sie sie.
❷ Über dem Bildschirm sehen Sie die Option *Entfernen*, ziehen Sie die App auf dieses Wort.
❸ Die App ist nun entfernt, aber nicht gelöscht, sie bleibt weiter nutzbar und kann über *Alle Apps* aufgerufen werden.

Tipp

Apps einfach finden: Benötigen Sie eine bestimmte App, die auf Ihrem Smartphone installiert ist, ist die Suchfunktion in vielen Fällen der schnellste Weg zur App. Sowohl bei Android als auch bei iOS können Sie eine App außerdem per Sprachbefehl starten.

Apps deinstallieren

Sie wollen eine Android-App nicht mehr verwenden und sie von Ihrem Smartphone entfernen?

1. Suchen Sie deren Symbol auf dem Startbildschirm oder in der Übersicht der installierten Apps.
2. Tippen Sie einige Sekunden auf das App-Symbol, bis sich ein kleines Menü öffnet.
3. Tippen Sie hier auf den Eintrag *App-Info* bzw. ein Symbol mit einem kleinen *i*. Eine Seite mit Informationen über die App öffnet sich.
4. Sie finden hier die Option *Deinstallieren*. Tippen Sie auf diese Option, um die App zu deinstallieren.

Eine Deinstallation ist auch über die Systemeinstellung *Apps & Benachrichtigungen* möglich. Hier finden Sie eine alphabetische Liste aller installierten Apps und können Apps auswählen und löschen.

Abos kündigen

Vergessen Sie beim Ausmisten Ihrer Apps nicht die Abos! Denn ein bestehendes Abo wird durch die Deinstallation einer App nicht beendet, es läuft weiter. Sie müssen es separat kündigen. In der App Google Play finden Sie Ihre Abos in der Menüfunktion *Abos* aufgelistet, tippen Sie dazu oben rechts auf die drei kleinen Linien. Über diese Option können Sie die Abos beenden.

Gute Apps erkennen

Neben den Apps, die Sie in diesem Buch finden, gibt es natürlich noch viele andere, die für Sie persönlich sehr nützlich sein können und vielleicht ebenfalls ziemlich genial sind. Bevor Sie eine neue App installieren, sollten Sie aber ein paar Punkte beachten.

Wie finanziert sich die App?

Viele Apps sind kostenlos oder bieten zumindest eine kostenlose Version an. In diesen Fällen finanzieren sie sich in der Regel über Werbung, sie blenden also Werbebanner oder Anzeigen ein. Problematischer sind Apps, die Nutzerdaten sammeln und sich dadurch finanzieren. Für viele Marktforschungsfirmen sind Nutzerdaten sehr wertvoll, vor allem Standortdaten werden gut bezahlt. Mehr zum Thema Datenschutz lesen Sie ab S. 161.

Andere Apps sind kostenpflichtig, Sie bezahlen also direkt für den Dienst. Hier ist ein Trend erkennbar, der nicht jedem Kunden gefällt:

→ **Das Abo-Modell**

Immer mehr Apps sind nur noch als Abo-Version verfügbar. Sie sollen dann eine Monats- oder Jahresgebühr zahlen. Dass Sie eine App nur einmal bezahlen und uneingeschränkt nutzen können, wird fast schon zur Seltenheit. Für Entwickler ist ein Abo die bessere Lösung, sie erhalten regelmäßige Zahlungen und können die Weiterentwicklung der App besser finanzieren. Für Anwender sind die Abos aber unter Umständen teurer als ein Einzelkauf – vor allem, wenn man vergisst, sie zu kündigen.

Neben zahlreichen guten Apps, die ihre Abogebühr durchaus wert sind, gibt es auch einige unseriöse, überteuerte Angebote, sogenannte Fleeceware (siehe S. 173). Für eine erste Einschätzung, ob eine App hält, was sie verspricht, lohnt sich ein Blick in die Nutzerkommentare, denen man aber ebenfalls nicht blind vertrauen sollte.

> **Tipp**
>
> **Alternative App Stores:** Unter iOS gibt es für Privatanwender praktisch keine Alternative zum Apple-eigenen App Store. Android-Nutzer haben etwas Auswahl. Wer einen Amazon-Account hat, kann den Amazon App Store nutzen, der unter anderem günstige Spiele bietet. Die Zugriffs-App muss unter www.amazon.de/androidapp heruntergeladen werden. Ebenfalls einen Blick wert ist der App Store F-Droid (www.f-droid.org). Hier sind vor allem Open-Source-Apps für erfahrene Anwender zu finden.

Bewertungen richtig einschätzen

In den App Stores gibt es zwar keine Tests von unabhängigen Redaktionen, bei sehr vielen Nutzerbewertungen ist die Durchschnittsnote aber meist zutreffend. Eine gewisse Skepsis ist dennoch angebracht. So gibt es dubiose App-Programmierer, die positive Bewertungen fälschen. Zu erkennen ist dies manchmal an sich wiederholenden oder auffällig kurzen Kommentaren. Oft ist es deshalb hilfreich, sich eher an den negativen sowie den aktuellsten Bewertungen zu orientieren.

Das Sortieren der Kommentare ist in allen App Stores relativ einfach möglich. Die aktuellsten Bewertungen sollten Sie sich auch deshalb ansehen, da Apps manchmal seit Jahren nicht mehr gepflegt wurden und einige dadurch Probleme mit aktuellen Systemen haben.

Aber auch Kritik ist nicht immer gerechtfertigt. Eine negative Bewertung kann etwa an zu hohen Erwartungen des Nutzers oder dem Ärger über eine Preiserhöhung liegen. In Einzelfällen gibt es sogar Anwender, die das Bewertungssystem falsch verstehen und eine Bewertung mit einem Stern für ein Lob halten.

Kreativität & Effekte

Fotos verschönern, Einladungskarten erstellen und Videos im Web veröffentlichen: Für Video- und Foto-Fans gibt es Kreativ-Apps für das Smartphone mit großem Funktionsumfang und spannenden Anwendungsmöglichkeiten. Die Ergebnisse, die Sie damit erzielen, können sich durchaus sehen lassen. Einige Apps bieten zudem verblüffende Spezialeffekte.

Ihr Smartphone als Film- und Fotostudio

📍 **Einer der Gründe** für den Erfolg des Smartphones ist die Kamera, die immer besser wird. Die aktuellen Modelle sorgen für hervorragende Fotos und Videos und haben längst die alten Kompaktkameras verdrängt. Die Bearbeitung und Präsentation der Fotos erfolgt immer öfter direkt auf dem Smartphone, oft veröffentlicht man seine Fotos danach sofort in den sozialen Medien. Für die schnelle Korrektur vor dem Upload ist eine App wie Snapseed sehr nützlich, die auf die Bildbearbeitung am Smartphone spezialisiert ist – und auch Profis zufriedenstellen kann. Sie wollen eine Visitenkarte oder Einladungskarte für ein Fest gestalten? Dazu benötigen Sie kein teures Grafikprogramm, ein Tool wie Canva genügt völlig.

Tolle Effekte für Videos und Selfies

Immer selbstverständlicher veröffentlichen Sie neben Fotos auch Videos im Web. Mit einer App wie InShot können Sie sie vorher bearbeiten und verschönern, mit einem Tool wie Boomerang kreative Mini-Videos gestalten. Fast so häufig wie die Hauptkamera wird die „Selfie-Kamera" auf der Frontseite benutzt, mit der sich ganz einfach Selbstporträts erstellen lassen. Mit Apps wie Perfect365 und Face App macht das noch viel mehr Spaß.

Snapseed: Kostenlose, effiziente Bildbearbeitung

Smartphone-Fotos werden zwar immer besser, vor dem Veröffentlichen sind aber oft kleine Korrekturen ratsam – etwa, wenn beim Foto des Sonnenuntergangs der Horizont völlig schief geraten ist. Mit dem kostenlosen Tool Snapseed sind selbst aufwendigere Korrekturen in hervorragender Qualität möglich. Die App wurde vom Entwickler Google gut auf die Nutzung am Smartphone optimiert. Auf Wunsch lassen sich Fotos so speichern, dass Korrekturen später rückgängig gemacht werden können.

Praktische Automatikfunktionen für Einsteiger

Dem unerfahrenen oder ungeduldigen Nutzer stehen Automatikfunktionen zu Verfügung, so finden Sie unter *Feinabstimmung* eine automatisch arbeitende Bildkorrektur. Wenn Sie auf das *Zauberstab*-Symbol tippen, korrigiert die App den Kontrast, die Helligkeit und weitere Eigenschaften Ihres Fotos. Jede dieser Einstellungen können Sie über ein per Wischgeste eingeblendetes Menü später noch anpassen. Schnelle Ergebnisse liefern auch die Filter-Effekte, die hier *Looks* heißen. Um Urlaubsfotos aufzupeppen, ist etwa der Look *Pop* nützlich, der Farbe, das Blau des Himmels und den Kontrast verstärkt. Für Porträts ist der Look *Porträt* zu empfehlen, für mehr Stimmung sorgen Filter wie *Faded Glow* oder *Morning*.

Werkzeuge und Filter für Fortgeschrittene

Anspruchsvolleren Anwendern bietet die App zahlreiche Spezialfunktionen und konfigurierbare Filter wie *Noir* oder *HDR Scape*. Zum Arsenal gehören auch aufwendige Korrekturfunktionen, die man eher bei einem Desktop-Programm erwarten würde: Stören bei einer Architekturaufnahme schiefe Linien, können diese mit dem Tool *Perspektive* korrigiert werden. Für Porträts bietet Snapseed neben Retuschefunktionen das 3D-Werkzeug *Kopfposition*. Hier können Sie die Ausrichtung des Kopfes korrigieren, Verzerrungen einer Weitwinkelaufnahme abmildern und Pupillengröße und Lächeln abändern. Eine Besonderheit von Snapseed ist eine Funktion für das Korrigieren einzelner Bildbereiche, die sogenannten *Kontrollpunkte*. Setzen Sie einen dieser Punkte auf einen zu dunklen Bereich des Fotos, wendet das Tool Korrekturen wie Helligkeit, Sättigung und Kontrast nur dort an.

Kurzüberblick

- Zahlreiche Funktionen und Effekte
- Hochwertige automatische Korrekturfunktionen
- Fotos bleiben editierbar
- Begrenzte Unterstützung von RAW-Formaten
- Wenig Funktionen für Text oder Rahmen

So korrigieren Sie schiefe Linien

Die Wände eines Gebäudes sehen auf dem Foto schief aus? Diesen häufigen Bildfehler können Sie in Snapseed mit dem Werkzeug *Perspektive* korrigieren:

▶ **Automatisch:** Tippen Sie auf das *Zauberstab*-Symbol, oft reicht die automatische Korrektur bereits aus.

▶ **Manuell:** Mit der Funktion *Neigen* können Sie die Neigung manuell korrigieren. Die Funktion *Frei* eignet sich für besonders schwierige Fälle.

Alternative

→ **Lightroom**

Die Mobilversion des Bildbearbeitungsprogramms von Adobe kann bei der Qualität der Bildbearbeitungsfunktionen überzeugen. Die Pro-Version ist mit einer Abo-Gebühr von 5 Euro pro Monat allerdings recht kostspielig. (Android / iOS)

Boomerang: Loop-Videos erstellen

Jemand springt in einen Swimming-Pool und gleich wieder zurück, ein Hund wackelt ständig mit dem Kopf hin und her oder jemand zieht immer wieder die gleiche Grimasse. Solche Boomerang- bzw. Loop-Videos kennt fast jeder Social-Media-Nutzer. Vor allem auf Instagram und Twitter sind die kleinen Videos, in denen ein Bewegungsablauf in rasantem Tempo vor- und zurückläuft, beliebt. Ein eigenes Loop-Video zu erstellen ist gar nicht schwer. Sie benötigen dazu nur eine gute Idee und eine simple App wie Boomerang. Deren einfache Bedienbarkeit ist vermutlich ein Grund für den Erfolg der kleinen Filme.

Schnell und einfach von der Idee zum Loop-Video

Vorkenntnisse im Bereich Video oder Fotografie sind nicht nötig. Sie sehen nach dem App-Start nur das Kamerabild, einen Aufnahmeknopf und einem Button zum Wechsel zwischen Front- und Hauptkamera. Die Arbeitsweise von Boomerang ist schnell erklärt: Das von Instagram veröffentlichte Tool nimmt in schneller Folge zehn Fotos auf, die es zu einem Video kombiniert. Dieses Video läuft dann schnell vor und zurück, was zu dem bekannten Boomerang-Eindruck führt.

Alternative Effekte per Instagram-App

Der Animationseffekt der Boomerang-App blieb über Jahre identisch, durch TikTok und Snapchat wächst allerdings die Konkurrenz. Seit Anfang 2020 gibt es daher erstmals weitere Effekte, allerdings stehen diese nicht über die App Boomerang, sondern nur in der Haupt-App von Instagram zur Verfügung, in der ebenfalls die Kamerafunktion Boomerang integriert ist. Außerdem können Sie in der Instagram-App auch das Video kürzen. Die neuen Effekte sind neben dem Boomerang-Symbol, einer umgedrehten 8, aufgelistet:

▶ **Slowmo** ist ein Zeitlupeneffekt, die Aufnahme wird mit halbem Tempo abgespielt.

▶ **Echo** ist ein Überlagerungseffekt, die Aufnahme wird überblendet, als würde man etwas doppelt sehen.

▶ **Duo** spult das Video schnell zum Anfang zurück und ergänzt einen Textureffekt.

Kurzüberblick

- Einfache Bedienung
- Witzige Animation
- Alternative Effekte sind nur über die Instagram-App nutzbar

So erstellen Sie eine Boomerang-Aufnahme

Für den Einstieg genügt die originale Boomerang-App. Öffnen Sie die App und wählen Sie die gewünschte Kamera aus: Front oder Selfie-Kamera. Wenn Sie ein nahes Objekt aufnehmen wollen, können Sie im Kamerabild auf das Objekt tippen – es wird dann scharf gestellt. Wichtig: Die Aufnahme ist nur sehr kurz. Drücken Sie im richtigen Moment auf den Auslöser, um die Bewegung aufzunehmen; eine Nachbearbeitung ist hier nicht möglich. Achten Sie darauf, das Smartphone möglichst ruhig zu halten, das sorgt für eine gute Bildqualität. Sie sind mit der Aufnahme zufrieden? Dann können Sie das Video auf dem Smartphone speichern oder es direkt bei Instagram oder Facebook hochladen.

Alternative

→ **Stop Motion Studio Pro**

Sie würden gerne aufwendigere Trickfilme erstellen, etwa mit Stop-Motion-Technik? Dann ist die App von Cateater einen Blick wert. Das Programm kann auch höhere Ansprüche erfüllen und eignet sich für eigene kleine Kurzfilme. (Android / iOS)

InShot: Videobearbeitung für soziale Medien

DVDs sind passé, die meisten privaten Videos sieht man heute auf YouTube oder Instagram. Das ändert auch die Ansprüche an die Videobearbeitung. Genau darauf hat sich das Filmschnittprogramm InShot spezialisiert.

Tolle Funktionen, aber störendes Wasserzeichen

Bereits die freie Version bietet einen hervorragenden Funktionsumfang. Neben der Videoschnittfunktion gibt es eine Fotobearbeitung und eine Funktion für Collagen. Schade: Nach dem Bearbeiten mit der Freeware-Version ist das Video mit einem Wasserzeichen verunziert. Für die Pro-Version zahlen Sie 9,50 Euro (Android) bzw. 13 Euro (iOS) im Jahr. Sie können aber auch nur für das Verschwinden des Wasserzeichens bezahlen, das kostet unter Android nur 3 Euro.

Emojis, Audio-Effekte und mehr

Sie können mit InShot Videos aufteilen, Aufnahmen kombinieren und Übergänge ergänzen. Außerdem können Sie aus knapp hundert Stickern und Emojis wählen, auch Fotos und Text können eingeblendet werden. In einer Audio-Sammlung finden Sie Effekte wie Klatschen, Glocken oder Lachen, Musik-Dateien können Sie importieren. Inshot ist auf Smartphones optimiert, auch ein Videoschnitteinsteiger sollte sich schnell zurechtfinden. Um das Video aufzubessern, stehen Bildfilter und Funktionen bereit, Sie können die Abspielgeschwindigkeit verändern und die Abspiellautstärke vorgeben. Auf aufwendigere Funktionen für die Audiobearbeitung, etwa das Entfernen von Rauschen, müssen Sie jedoch verzichten. Ein Titel-Editor für das Erstellen eines Vorspanns fehlt und die Auflösung des Videos ist beim Export auf 1080 p begrenzt.

Viele Wahlmöglichkeiten beim Format

Voreingestellt ist das quadratische Bildformat 1:1, das für soziale Medien ideal ist. Liegt ein Video im Format 16:9 vor, können Sie zu Instagram-Formaten wie 1:1 oder 4:5 wechseln und die entstehenden Bildränder wahlweise per Zoom beheben oder mit einer Hintergrundfarbe, Mustern oder einem Farbverlauf füllen.

So kombinieren Sie mehrere Aufnahmen

Öffnen Sie die App und wählen Sie unter *Neu erstellen* die Option *Video* aus. Mit *Neu* legen Sie ein neues Projekt an. Nun können Sie aus den Videos auf Ihrem Smartphone eines oder gleich mehrere auswählen. Die Videos fügt die App automatisch aneinander und listet sie in einer Übersicht auf. Tippen Sie länger auf eines der Videos, können Sie die Clip-Reihenfolge ändern. Mit einmal Antippen rufen Sie das *Trimmen* bzw. Kürzen auf. Das Seitenformat können Sie bei Bedarf über die Funktion *Leinwand* ändern. Das fertige Video können Sie speichern oder per E-Mail versenden, als Exportoptionen stehen auch soziale Medien wie Instagram, YouTube oder Twitter zur Wahl.

Kurzüberblick

- Guter Funktionsumfang
- Viele Effekte
- Gute Unterstützung sozialer Medien
- Keine Vorspanne, keine Audiobearbeitung
- Auflösung max. 1080 p
- Wasserzeichen in kostenloser Version

Alternative

→ **PowerDirector Cyberlink**

Der PowerDirector von Cyberlink bietet viele Videobearbeitungsfunktionen wie Bildstabilisierung und das Ersetzen von Hintergründen per Chroma-Key-Technik. Mit einem Preis von 37 Euro pro Jahr ist die App aber recht teuer. (Android / iOS)

Canva: Layouts für soziale Medien und Drucksachen

Einen Flyer für einen Event oder das Firmen-Logo an einem Smartphone gestalten? Der Gedanke erscheint zunächst abwegig, aber mit einer App wie Canva gelingen in kürzester Zeit selbst Einsteigern ansehnliche Visitenkarten, Logos, Geburtstagseinladungen und aufwendige Instagram-Stories. Das Geheimnis dahinter: ein auf Mobilgeräte optimierter Arbeitsablauf und hervorragende Vorlagenarchive. Nach Auswahl der Vorlage muss nur noch ein Text ergänzt werden. Profis können über die App auch eigene Layouts erstellen.

Große Auswahl an Layoutvorlagen

Stärke des australischen Online-Dienstes Canva ist ein per App nutzbares Online-Archiv mit Tausenden Layoutvorlagen und Fotos, die sofort verfügbar sind. In der kostenlosen Version können Sie bereits 8 000 Vorlagen für Briefe, Präsentationen und Buchcover, aber auch für soziale Medien und YouTube wählen. Zugriff auf alle Vorlagen erhalten Sie gegen eine Abo-Gebühr von 9 Euro, dann stehen Ihnen 60 000 Vorlagen und ein Archiv mit 60 Millionen Grafiken, Videos und Fotos zur Verfügung. Diese Vorlagen übernehmen Sie komplett oder Sie überarbeiten sie. Text und Schrift sind einfach austauschbar.

Schon die kostenlose Version bietet viel

Zielgruppe sind neben Privatanwendern auch kleine Firmen, so unterstützt die Pro-Version Funktionen wie Corporate Design, Teamarbeit und die Nutzung eigener Schriftarten. Können Sie auf Funktionen wie anpassbare Vorlagen und Export in hoher Auflösung verzichten, genügt aber die kostenlose Variante völlig.

Nützliche Export- und Social-Media-Optionen

Beim Export erfüllt die App auch Sonderwünsche: Haben Sie Ihre Visitenkarte oder einen Prospekt erstellt, können Sie das Ergebnis gleich von einem Anbieter ausdrucken lassen, auch der Druck von Karten oder T-Shirts ist möglich. Eine weitere Stärke von Canva sind moderne Vorlagen für soziale Medien: Neben altbekannten Formaten gibt es moderne Äquivalente wie Video-Posts, Animationen, Hintergründe für YouTube-Auftritte, LinkedIn-Banner und Snapchat-Geofilter.

Kurzüberblick

- Viele kostenlose Vorlagen
- Einfache Oberfläche, Nutzung auch für Einsteiger möglich
- Zahlreiche Vorlagen für soziale Medien
- Höhere Auflösungen und mehrseitige PDFs nur für Pro-Kunden
- Umfangreiches Medienarchiv kostenpflichtig

So erstellen Sie eine Visitenkarte

Sie benötigen eine neue Visitenkarte? Sie können mit Canva wahlweise eine Visitenkarte komplett selbst erstellen oder in der Suche „Visitenkarte" eingeben und eine der Vorlagen auswählen. Die Vorlage enthält bereits Text, den Sie ersetzen können:

1. Tippen Sie auf den Text (unter iOS einmal, unter Android zweimal) und die Tastatur blendet sich ein.
2. Ersetzen Sie nun den Platzhaltertext.
3. Sie können auch weitere Textkästen ergänzen (mit der *Plus*-Taste) oder eine andere Schriftart wählen.
4. Die fertige Visitenkarte können Sie als PDF-Datei exportieren.

Alternative

→ **Crello**

Crello basiert ebenfalls auf einem großen Archiv an Vorlagen, über 25 000 Stück sind im Angebot, davon 5 000 Videovorlagen und Animationen. Der Schwerpunkt liegt aber noch stärker in den Bereichen Video und soziale Medien. (Android / iOS)

Perfect365: Perfekt geschminkt per App

Mit über 100 Millionen Downloads ist Perfect365 eine der erfolgreichsten Apps in den App Stores. Was macht sie so beliebt? Ganz einfach: Sie können mit dieser App Make-up-Varianten ausprobieren. Das ist zwar keine neue Idee, viele ältere Apps erzeugten aber eher Halloween-Masken. Perfect365 ist hingegen durchaus geeignet, um schnell eine Haarfarbe oder Eyeliner auszutesten. Nutzbar ist die App in einer kostenlosen werbefinanzierten Version und als Abo.

Wenn das Handy zum Schminkspiegel wird

Die App bietet zwei Hauptfunktionen: das nachträgliche Bearbeiten eines Porträtfotos, was die App *Foto-Makeup* nennt, und einen Live-Modus namens *Hautverbesserungen*. Hier wendet die App die Effekte in Echtzeit auf das Live-Bild der Selfie-Kamera an. In beiden Modi

können Sie entweder vorgegebene Styles wie *Soft Tulip* oder *Lavender Glam* ausprobieren oder das Aussehen selbst verändern. Mit Werkzeugen für die Bereiche Gesicht, Lippen, Augen und Haare können Sie die Haut weicher erscheinen lassen, entfernen Unebenheiten, ergänzen eine Grundierung oder wechseln die Haarfarbe – alles per Schieberegler stufenlos anpassbar. Bei der Bearbeitung eines Fotos stehen noch weitere Werkzeuge zur Verfügung und die Ergebnisse sind etwas besser. Zusätzlich können Sie hier das Gesicht schlanker erscheinen lassen und auch die Nase verschönern.

Noch mehr Auswahl für Abo-Kunden

Kostenlos ist aber nur ein Teil der Make-up-Pakete. Erst beim Buchen des Abos erhalten Sie intensiv beworbene Styles und weitere Funktionen. Zusätzlich dürfen Sie die Fotos dann auch in hoher Auflösung exportieren und die Zahl der Werbeanzeigen reduziert sich.

Kritik von Datenschützern

Die App ist unter Datenschützern nicht beliebt und etwa für das Sammeln von Ortungsdaten bekannt. Bei der aktuellen Version werden Nutzer darüber aber offen informiert und müssen der Datensammlung erst zustimmen. Der Hintergrund ist, dass die kostenlose Version sich mit Werbung für Kosmetikprodukte finanziert und auf Einkaufsmöglichkeiten verweist.

So bessern Sie Ihr Porträtfoto auf

Sie brauchen ein besonders schönes Foto, zum Beispiel als Profilbild für Facebook und Co.? Wählen Sie in der App die Funktion *Foto-Makeup*. Sie können nun aus Ihrem Archiv ein Foto auswählen oder gleich ein neues Selfie erstellen. Wollen Sie das Porträt nur dezent verbessern, nutzen Sie nur die Werkzeuge. Über diese können Sie kleine Korrekturen vornehmen: Unter *Lippen* finden Sie eine Funktion, um Zähne aufzuhellen, unter *Gesicht* entfernen Sie mit *Unschönheiten* kleine Hautunreinheiten. Das fertige Foto können Sie exportieren. Bei der kostenlosen Version ist die Auflösung des Fotos relativ niedrig, fürs Web aber ausreichend.

Kurzüberblick

- Hochwertige Retuschefunktionen für das Aufbessern von Porträts
- Zahlreiche kostenlose Styles
- Komfortable Nutzung
- Gute Live-Funktionen
- Höhere Auflösungen und viele Werkzeuge nur für Abo-Kunden
- Viel Werbung
- Intensive Sammlung von Nutzerdaten

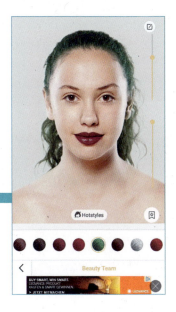

Alternative

→ **Facetune2**
Die App Facetune2 liefert einen ähnlichen Funktionsumfang wie Perfect365. Auch hier stehen aber einige der fortgeschrittenen Werkzeuge nur nach einem In-App-Kauf zur Verfügung. (Android / iOS)

Face App: Ein Blick in Ihr Gesicht von morgen

Sie möchten wissen, wie Sie mit 80 aussehen werden? Oder wie Sie als Frau bzw. Mann aussehen würden? Dazu müssen Sie nur ein Porträtfoto in Face App importieren und einige Sekunden warten. Die Ergebnisse sind faszinierend!

Geschlecht oder Alter ändern? Die App macht's möglich

Bei der Simulation des Alterns macht die Software aus kleinen Fältchen tiefe Furchen, und bei der Umwandlung des Geschlechts entsteht durch die Änderung der Gesichtsformen ein ungewohnter, aber dennoch vertrauter Anblick. Zu ernst sollten Sie die Ergebnisse aber nicht nehmen, wissenschaftlichen Ansprüchen will die Software nicht genügen. Trotzdem ist es nicht überraschend, dass die App zu den beliebtesten Apps in beiden Stores gehört. Sie können natürlich nicht nur Ihr eigenes Porträtfoto als Vorlage verwenden, sondern beliebige Fotos Dritter. Außerdem können Sie den Hintergrund des Fotos ändern. Die iOS-Version kann sogar das Kamerabild im Live-Modus umwandeln.

Frisuren testen, Lächeln perfektionieren

Die aktuelle Version liefert auch einige im Alltag nützliche Funktionen: Sie können zum Beispiel prüfen, wie Sie mit verschiedenen Bart-Typen, einer Brille, einer anderen Frisur oder Tattoos aussehen würden. Auch ein Lächeln mit weiß glänzenden Zähnen kann die App auf ein Gesicht zaubern. Viele dieser „kosmetischen" Anpassungen sind aber nur per Abo-Gebühr verfügbar. Dazu gehören Anpassungen wie der *Hollywood-Filter*, mit dem Sie ein Selfie zum perfekten Porträt aufpeppen, oder Make-up-Funktionen. Auch weitere Fun-Filter, mit denen Ihr Foto im Stil von Filmfiguren wie *The Hitman* und *The Heisenberg* verändert wird, gibt es nur im Abo.

Beim Datenschutz hört der Spaß leider auf

2019 bemängelten US-Politiker, dass es sich bei Face App um eine russische App handelt, die Porträtfotos amerikanischer Bürger hochlädt – aus amerikanischer Sicht nicht nur ein Verstoß gegen den Datenschutz, sondern auch ein Risiko für die nationale Sicherheit. Der Hersteller hat allerdings mittlerweile versprochen, dass er die Fotos 48 Stunden nach dem Upload löscht, außerdem würden alle Berechnungen auf Servern außerhalb Russlands stattfinden. Ob das stimmt, lässt sich aber natürlich nicht mit Sicherheit sagen.

So erstellen Sie ein Vorher-Nachher-Bild

Die App ist einfach bedienbar:
1. Sie wählen zuerst ein Foto aus, dann einen Effekt.
2. Wenn Sie die Vorher- und Nachher-Versionen nebeneinander anzeigen wollen, öffnen Sie *Layouts*.
3. Wählen Sie hier die Option *Spiegel*, sehen Sie zwei Ansichten nebeneinander. Auch vier Ansichten zugleich sind möglich.

Kurzüberblick

- Eindrucksvolle Gesichtsänderungen
- Schnelle Berechnung und viele Optionen
- Export in hoher Auflösung kostenpflichtig, ebenso viele besondere Effekte
- Datenschutz bedenklich

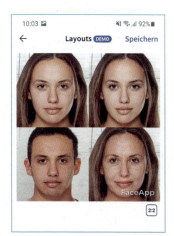

Alternative

→ **Face Story**

Die App Face Story erinnert stark an die Face App, hier steht aber noch stärker der Fun-Effekt im Vordergrund. Neben Alter und Geschlecht ist etwa die Suche nach einem Promi möglich, dem Sie ähnlich sehen. (iOS)

Achtsamkeit & Gesundheit

Gesünder dank Smartphone? Eine App kann sicher keinen Arzt ersetzen, aber beispielsweise bei unklaren Symptomen Hinweise liefern. Außerdem gibt es einige Apps, die bei bestimmten Beschwerden eine Hilfe im Alltag sind, indem sie zum Beispiel vor Pollen oder schlechter Luft warnen. Andere Apps tragen zum seelischen Gleichgewicht bei – Ihr Smartphone kann sogar zu Ihrem persönlichen Meditationslehrer werden.

Ihr Smartphone als Gesundheits-Coach

Sie sind allergisch gegen bestimmte Pollenarten? Dann ist eine App wie Pollenflug eine echte Hilfe, die Sie zu Beginn der Blütezeit rechtzeitig warnt und Ihnen bei der Langzeitüberwachung Ihrer Allergie hilft. Für Migräne-Geplagte wiederum eignet sich eine App der Schmerzklinik Kiel, die neben einem Tagebuch interessante Sonderfunktionen bietet. Mit Pflotsh haben wir auch eine Wetter-App in dieses Kapitel aufgenommen, denn sie liefert für Ihre Gesundheit wichtige Daten. Ein heikles Thema sind Apps aus dem Bereich Medizin und Medikamente, sie werden von vielen Ärzten nicht gern gesehen. Die Informationsfülle und problematische Ferndiagnosen können verunsichern. Bei einfachen Fällen kann ein guter Symptom-Checker wie Ada dennoch eine Entlastung sein.

Achtsamkeit und Smartphone – wie geht das zusammen?

Zum Konzept von Mindfullness und Konzentration scheinen Smartphone-Apps auf den ersten Blick nicht zu passen. Soziale Medien und Spiele sorgen für permanente Zerstreuung und Ablenkung statt für Entspannung und Ruhe. Es gibt aber Ausnahmen: Um durch Meditation innere Ruhe zu finden, ist die App Insight Timer ein hervorragender Begleiter.

Insight Timer: Hilfe und Anleitung fürs Meditieren

Wozu braucht man für Meditationen eine App? Und warum nennt sie sich Timer? Der Name geht darauf zurück, dass Insight Timer ursprünglich eine einfache Wecker-App war. Die App kann das Ende einer Meditationssitzung mit einem Gong-Signal, einem Holzblock-Klang oder vielen anderen Klängen signalisieren – weit angenehmer als ein schnöder Wecker.

Vielfältige Meditationsarten und Themen

Heute steht der Name Insight Timer vor allem für eine der größten Online-Gemeinschaften für Meditation und die App wird von Tausenden Lehrern und Millionen Nutzern aus aller Welt genutzt. Sie finden hier Audiokurse wie „Stress bewältigen mit Achtsamkeit" oder „Geführte Mettameditation", Podcasts und Live-Events. Die Lehrer kommen aus allen Bereichen: Unter ihnen sind Yogis, Musiker, Amateure, aber auch Wissenschaftler und Psychologen. Vorsortiert sind die Meditationen nach den Hauptthemen *Schlaf*, *Stress*, *Ängste*, *Selbstachtung*, *Morgenroutine*, *Beziehungen* und *Meditation für Kinder*. Es gibt aber noch eine Vielzahl an feineren Rubriken wie *Visualisierung* und *Präsenz*. Per Filter können Sie je nach Vorliebe Frauen- oder Männerstimmen wählen und Meditationen mit Hintergrundmusik ein- oder ausschließen. Anfängern stehen mehrere Einstiegskurse zur Verfügung, Bewertungen anderer Nutzer helfen bei der Auswahl.

Kostenpflichtige Kurse von Profis

Sie können die App kostenlos nutzen, Zehntausende Kurse sind frei verfügbar. Für mehrere Hundert mehrtägige Kurse von professionellen Lehrern ist jedoch ein kostenpflichtiges Abo die Voraussetzung. Für 60 Dollar im Jahr erhalten Sie Zugang zu diesen Profi-Kursen, außerdem werden einige Zusatzfunktionen der App freigeschaltet. So können Sie als Premiumkunde die Meditationen herunterladen und das Abspielen eines Kurses stoppen und später wieder starten. Das klingt wie eine Selbstverständlichkeit, bei einem kostenlosen Abo ist das Vorspulen oder Anhalten eines Beitrages aber nicht möglich, ähnlich wie bei der kostenlosen Version der Musik-App Spotify (S. 138).

> **Kurzüberblick**
>
> - Viele kostenlose Meditationen, auch deutschsprachige
> - Gute Sortierungsmöglichkeit
> - Große Nutzergemeinde
> - Funktionen Download, Vorspulen und Pause nur in der Bezahlvariante

So ändern Sie den Inhaltsfilter

In der Voreinstellung der App sehen Sie nur deutschsprachige Kurse, dabei entgehen Ihnen aber Zehntausende fremdsprachige Beiträge. Um dies zu ändern, tippen Sie unten in der Button-Leiste auf das Symbol mit dem Profilbild. Es befindet sich neben dem Suchsymbol. Hier verwalten Sie Ihren Account und ändern die Einstellungen. Tippen Sie oben rechts auf das *Zahnrad*-Symbol. Unter *Sprachen* können Sie nun zusätzlich zur Sprache *Deutsch* noch weitere Sprachen wie *Englisch* ergänzen. Sie erhalten dann auch englischsprachige Kurse und Rubriken eingeblendet.

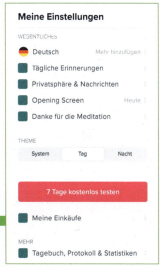

Alternative

→ **Calm**

Die App Calm bietet ebenfalls geführte Meditationen an. Die Meditationen stammen von professionellen Lehrern, es gibt zusätzlich Hintergrundtöne und „Schlafgeschichten", die beim Einschlafen helfen sollen. Mit 39 Euro im Jahr ist sie günstiger als die Abo-Version von Insight Timer, es gibt aber keine Community-Funktionen. (Android / iOS)

Ada: Symptome einschätzen per App

Man will nicht bei jeder kleinen Erkältung gleich zum Arzt gehen, ist aber doch schnell verunsichert: Ist es nun eine harmlose Erkältung, ein grippaler Effekt oder gar Covid-19? Nach einer Recherche bei „Dr. Google" sind Sie oft erst recht beunruhigt, denn Sie finden dort alle erdenklichen exotischen Erkrankungen. Weit verlässlicher ist ein spezialisiertes Diagnose-Tool wie die App Ada. Das Prinzip ist sehr einfach: Sie geben in einer Chat-Oberfläche Ihre Symptome ein, dann müssen Sie noch mehrere Fragen beantworten. Diese wertet eine künstlichen Intelligenz aus und erstellt eine „Diagnose" – die allerdings aus gutem Grund nicht so genannt wird, denn die eigentliche Diagnostik soll Ärzten vorbehalten bleiben.

Keine Diagnose, aber Hinweise auf mögliche Ursachen

Ada war ursprünglich als Hilfstool für Ärzte gedacht. Der Hersteller, die Berliner Ada Health GmbH, verspricht besonders hochwertige Ergebnisse. 60 angestellte Mediziner sollen dafür sorgen, dass die Ergebnisse korrekt sind und auch seltene Krankheiten erkannt werden können. Die Daten aktualisiert das Unternehmen laufend, auch das Erkennen von Covid-19 wird laut Anbieter unterstützt. Wahrscheinlich ist der Anspruch, gute Ergebnisse zu liefern, auch der Grund dafür, dass die App mehr Fragen stellt als vergleichbare Tools und mehr Möglichkeiten berücksichtigt. Nach der Anamnese nennt sie eine oder auch mehrere mögliche Ursachen für die Symptome. Dass hier keine Diagnose im eigentlichen Sinne gestellt wird, ist sinnvoll, denn eine App kann niemals den persönlichen Eindruck eines erfahrenen Arztes ersetzen. Stattdessen erhalten Sie eine Einschätzung, ob Sie auf-

grund der Symptome sofort zu einem Arzt gehen sollten oder zumindest in den nächsten Tagen.

Wie wahrscheinlich ist die Ursache?

Ungewöhnlich ist eine weitere Angabe: Das Tool nennt im Ergebnis die Wahrscheinlichkeit, dass es sich um eine bestimmte Krankheit handelt. Relativ zuverlässig ist die Einschätzung etwa bei: „9 von 10 Personen mit den gleichen Symptomen haben diese Erkrankung". Gibt es weitere mögliche Krankheiten, listet die App diese an zweiter Stelle oder unter der Rubrik *Weniger wahrscheinliche Ursachen* auf.

So exportieren Sie die Ergebnisse

Die Fragen und Ihre Ergebnisse können Sie als PDF exportieren – etwa für die Weitergabe an den Hausarzt. Tippen Sie dazu rechts auf die drei kleinen Linien: Es werden nun die Voreinstellungen und weitere Optionen aufgelistet. Ihre Diagnosen finden Sie unter *Fälle*. Wählen Sie die Diagnose aus und tippen Sie oben rechts auf die drei kleinen Punkte. Nun haben Sie die Optionen *Fall löschen* oder *Bericht als PDF teilen*. Letzteres bedeutet, den Fall als PDF zu exportieren. Der Bericht enthält sowohl die Ergebnisse als auch alle Fragen und Ihre Antworten.

> **Kurzüberblick**
> - Einfache Bedienung
> - Hohe Anzahl an unterstützten Krankheiten
> - Kein Ersatz für eine Diagnose durch einen Arzt
> - Laut Presseberichten Datenschutz bedenklich

Alternative

→ **Symptom-Checker**

Der Symptom-Checker von Netdoktor.de funktioniert ähnlich wie Ada. Er steht aber nur über die Webseite des Anbieters zur Verfügung und kann weniger Krankheiten als Ada erkennen – laut Anbieter bis zu 560 Krankheiten. (Android / iOS)

Arznei aktuell: Informationen über Medikamente abrufen

Arznei aktuell bietet Informationen zu 83 000 Medikamenten und knapp 4 250 Wirkstoffen. Die kostenlose App lädt nach der Installation eine umfangreiche Arzneimittel-Datenbank auf Ihr Smartphone, die die gängigsten Medikamente auflistet und Inhaltsstoffe und Nebenwirkungen erklärt. Gedacht ist die App eigentlich für Ärzte und Pflegepersonal, wobei es für diese Zielgruppe kostenpflichtige Zusatzoptionen gibt, außerdem wird die Datenbank in der kostenpflichtigen Version häufiger aktualisiert.

Ist diese App überhaupt für Nicht-Mediziner geeignet?

Viele Ärzte sehen Informationsangebote wie Arznei aktuell kritisch. Ein solches Verzeichnis für Fachleute brauchen die meisten Patienten gar nicht. Verschreibungspflichtige Medikamente darf Ihnen schließlich nur ein Arzt verordnen. Dieser Arzt sowie Ihr Apotheker sind dann Ihre ersten Ansprechpartner. Alles, was ein Patient zu einem Medikament wissen sollte, erfährt er außerdem über den Beipackzettel. Doch hier kann die App eine sinnvolle Ergänzung sein.

Übersichtlicher als der Beipackzettel

Der Beipackzettel geht oft verloren. Manche älteren Menschen haben zudem Mühe, die oft winzige Schrift zu entziffern. Hier kann die App von Nutzen sein: Im Unterschied zu den oft verwirrend aufgebauten Beipackzetteln sind die Informationen in der Datenbank gut strukturiert und auf einem modernen Smartphone-Display leicht lesbar. Sehr nützlich ist die App außerdem, um schnell Informationen zu mehreren Medikamenten zu sammeln. Sie müssen nur den Namen oder den Inhaltsstoff in der Suchfunktion eingeben.

Praktisch: Preise nachschlagen

Die App ist noch aus einem weiteren Grund für Nicht-Mediziner interessant: Es gibt viele nicht verschreibungspflichtige Medikamente, die Sie kaufen können, ohne zuvor mit einem Arzt zu sprechen. Die App kennt die Preise von all diesen Medikamenten und kann günstige Alternativen zu den bekannten Markenprodukten finden. Eine einfache Suchfunktion ist integriert, nach Inhaltsstoffen können Sie gezielt suchen.

So nutzen Sie den Barcode-Scanner

Besonders komfortabel ist die optionale Barcode-Scan-Funktion der App, die Sie jedoch zunächst gegen eine kleine Gebühr freischalten müssen. Anschließend können Sie den Barcode-Scanner durch Antippen eines Buttons aktivieren. Richten Sie die Kamera des Smartphones auf den Barcode einer Medikamentenverpackung, dieser wird dann automatisch erkannt und zugeordnet. Unterhalb des Kamerabildes wird nun der Name des Medikamentes angezeigt. Per Antippen erhalten Sie weitere Informationen. Auch der Preis wird aufgeführt.

Kurzüberblick

- Offline-Lexikon der gängigsten Arzneimittel
- Suche nach Medikamenten per Barcode möglich
- Preisinformationen
- Kein Ersatz für eine Beratung durch Arzt oder Apotheker

Alternative

→ **Rote Liste**

Das Lexikon „Rote Liste" ist in Buchform ein Klassiker und enthält alle wichtigen Medikamente auf dem Markt. Es gibt eine kostenlose App von den Herausgebern. Allerdings sind hier nur Medikamente einzelner Hersteller enthalten, was den Nutzwert stark einschränkt. (Android / iOS)

Migräne-App: Tagebuch für die Kopfschmerzattacken

Migräne gilt als Volkskrankheit. Viele Menschen leiden unter den anfallsartigen Kopfschmerzattacken. Um deren Verlauf und den Erfolg der Behandlung zu verfolgen, ist ein Protokoll der Symptome sinnvoll. Hier kann die Migräne-App helfen, die von der Techniker Krankenkasse und der Schmerzklinik Kiel veröffentlicht und gepflegt wird. Wie bei allen Medizin-Apps gilt: Die App kann weder die Diagnose noch die Behandlung durch einen Arzt ersetzen. Bei einer Migräne sollten Sie sich an einen spezialisierten Arzt wenden, eine Liste ist über die App abrufbar. Für Probleme mit anderen Kopfschmerzarten wie Cluster-Kopfschmerz ist diese App nicht gedacht.

Einfach bedienbares Migränetagebuch

Die Hauptfunktion der App ist das Führen eines Tagebuchs, mit dem Sie den Verlauf Ihrer Kopfschmerzattacken erfassen können. Über eine Schnell-Eingabefunktion erfassen Sie die Abfolge und Heftigkeit eines Vorfalls in wenigen Sekunden, das aktuelle Wetter des Standorts wird automatisch übernommen. Vor einem Arzttermin können Sie die Daten als Tabelle exportieren, die der Mediziner dann auswerten kann.

Informative Videos, Fragebögen, Übungen

Darüber hinaus bietet die App eine Vielzahl an Zusatzfunktionen: In informativen Videos wird beispielsweise die sogenannte Aura beschrieben, eine spezielle Art Sehstörung, die bei etwa 15 bis 20 Prozent der Migräneerkrankungen auftritt. Auf Wunsch können Sie sich eine Simulation einer solchen Aura sogar ins Kamerabild einblenden lassen.

Stiftung Warentest | Achtsamkeit & Gesundheit

Eine weitere nützliche Funktion ist ein Fragebogen, mit dem Sie das Risiko einer Chronifizierung der Migräne einschätzen können. Die App fragt Sie dazu nach Risikofaktoren wie Stress oder unregelmäßiger Ernährung. Ergänzt wird das Angebot außerdem durch Audiodateien mit Übungen zur Progressiven Muskelentspannung. Mit dabei ist auch eine Entspannungsübung für Kinder. Die App selbst und ihre Hintergründe stellt der Leiter der Klinik Kiel in mehreren Videos ausführlich vor, zusätzlich lassen sich Hintergrundinformationen zum Thema abrufen.

Kurzüberblick

- Einfache Bedienung, gute Zusatzfunktionen
- Entspannungsübungen, Schnelltest
- Datenexport möglich
- Nur als Begleitung einer ärztlichen Behandlung sinnvoll

So nutzen Sie den Schnelltest der App

Eine sehr nützliche Funktion der App ist ein Schnelltest, um die verschiedenen Kopfschmerzarten abzugrenzen. Der Test ist in einem Ausklappmenü zu finden, das Sie über drei kleine Linien am oberen linken Rand aufrufen. Wählen Sie hier die Funktion *Schnelltest*, nun öffnet sich ein Fragebogen. Um eine der insgesamt 16 Fragen zu bejahen, tippen Sie einfach auf die Frage. Je nach Antwort erfahren Sie dann, ob es sich bei Ihren Beschwerden eher um Migräne, einen Spannungskopfschmerz, Medikamentenübergebrauch oder Cluster-Kopfschmerz handelt.

Alternative

→ **M-sense**

Die App M-sense versucht ebenfalls, bei Migräne und anderen Kopfschmerzarten zu helfen. Sie bietet dazu eine ganze Reihe an Entspannungstechniken, liefert Hintergrundinformationen und ermöglicht das Führen eines Tagebuchs. (Android / iOS)

Pollenflug: Kalender-App für Allergiker

Die ersten sonnigen Frühlingstage sind für Pollenallergiker leider nicht nur ein Grund zur Freude. In den Monaten April bis August ist nämlich Hauptsaison für Pflanzenpollen. Betroffene reagieren darauf mit Niesattacken, Fließschnupfen, verstopfter Nase und tränenden Augen. Wenn Sie vermuten, an einer Pollenallergie zu leiden, sollten Sie sich von einem Facharzt beraten lassen. Als zusätzliche Hilfe hat sich eine gute App zur Beobachtung des Pollenflugs bewährt, zum Beispiel die von dem Pharmaunternehmen Hexal finanzierte App Pollenflug.

Angaben zur Pollenlast am Standort

Nach Angabe des Standorts zeigt die App auf den Tag genau an, welche Pflanzen gerade aktiv sind. Es ist daher sinnvoll, die Ortungsfunktion für diese App zu aktivieren. 15 allergieauslösende Pflanzen werden in einer Tabelle präsentiert: Sehen Sie ein grünes Häkchen neben „Ihrer" Pollenart, ist kein Pollenflug und damit keine Belastung zu erwarten. Starker Pollenflug wird durch ein rotes, mittlerer durch ein orangefarbenes Vieleck signalisiert. Ein gelbes Dreieck steht für schwachen Pollenflug. Zu sehen sind diese Status-Informationen für heute, morgen und den darauffolgenden Tag. Wenn Sie das Smartphone ins Querformat drehen, sehen Sie die Wochenvorhersage.

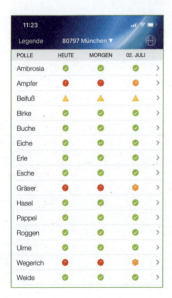

Daten vom Deutschen Wetterdienst

Zusätzlich zu Ihrem Standort können Sie sich auch weitere Orte anzeigen lassen. Als Lieferant der Pollenflugdaten nutzt die App den Deutschen Wetterdienst, der als recht verlässlich gilt. Vor einer Reise können Sie die Kartenansicht zurate ziehen: Hier sehen Sie, ob und wo eine Pollenart zu einer bestimmten Zeit in Deutschland zu erwarten ist. Hilfreich ist nicht zuletzt die Benachrichtigungsfunktion. Sie werden mithilfe dieser Funktion automatisch von der App auf den Beginn einer Blütezeit hingewiesen.

Kurzüberblick

- Gute Übersicht
- Zahlreiche Zusatzinformationen und Tagebuch
- Finanzierung durch Werbung für Allergiemedikamente

So führen Sie ein Pollentagebuch

Ein gut gemachtes Tagebuch ist eine weitere wichtige Funktion der App. Sie können damit prüfen, inwieweit Ihre Beschwerden sich verändern und mit der aktuellen Pollenbelastung zusammenhängen. So erkennen Sie zum Beispiel, ob noch andere als die bisher bekannten Allergien vorliegen. Keine Sorge: Lange Texte müssen Sie in diesem Tagebuch nicht schreiben, sondern Sie erfassen Ihren Gesundheitsstatus in wenigen Sekunden mit vier Schiebereglern. Für die Angabe Ihres aktuellen Befindens wählen Sie unter fünf Smileys aus. Dann geben Sie noch an, ob Sie Beschwerden mit Augen, Nase und Lunge haben. Angaben zu Medikamenten sind ebenfalls möglich und Sie können ausführlichere Notizen zu diesem Tag ergänzen.

Alternative

→ **GesundheitsWetter**

Dies ist eine Wetter-App, die auch über den Pollenflug informiert. Hohe Zuverlässigkeit garantieren auch hier die Daten des Deutschen Wetterdienstes. Die schlicht gestaltete App kostet einmalig 99 Cent, liefert dafür aber zusätzliche Informationen für Wetterfühlige, den UV-Index und den offiziellen Pollenflug-Gefahrenindex. (Android / iOS)

Pflotsh: Zuverlässige Wetterkarten nutzen

Die Wetter-Apps von Google und Apple liegen oft daneben. Das wurde in Tests schon oft bestätigt und liegt daran, dass sie mit frei verfügbaren, aber ungenauen Wetterinformationen arbeiten. Weit besser schnitt dagegen Kachelmannwetter ab, das unter anderem Daten des Deutschen Wetterdienstes verwendet. Der Dienst lässt sich nur per Webseite oder über die App Pflotsh nutzen.

Wettervorhersagen für alle, die es genau wissen wollen

Auf den ersten Blick ist das Konzept der App ungewohnt, da sie sich stark auf Wetterkarten stützt und mehrere Wettervorhersagen kombiniert. Lesen Sie in einer herkömmlichen Wetter-App eine Vorhersage wie „München: 28 Grad, sonnig", ist dies eigentlich nur eine grobe Schätzung, die sich vielleicht auf Daten beruft, die in 25 km Entfernung gesammelt wurden. Kein Wunder, dass Sie dann bei 18 Grad im Regen stehen! Pflotsh kombiniert dagegen gleich mehrere Voraussagen hochwertigerer Dienste und erreicht so größtmögliche Genauigkeit. Von den Konkurrenten setzt sich der Dienst vor allem durch ein sehr engmaschiges Netz an Messstationen ab, sodass er auch das Wetter im Gebirge oder Stürme vorhersagen kann – nützlich etwa für Segler, Wanderer und Radfahrer.

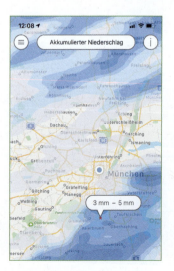

Kostenpflichtige App, kostenlose Webseite

Pflotsh gibt es in zahlreichen Versionen, allerdings ist es nur für kurze Zeit möglich, die Apps kostenfrei zu testen. Das beste Preis-Leistungs-Verhältnis bietet das Abo Pflotsh SuperHD, das pro Jahr 12 Euro kostet. Ein Tipp für Sparsame: Die Webseite von Kachelmannwetter, auf der die App basiert, ist kostenlos nutzbar.

Stiftung Warentest | Achtsamkeit & Gesundheit

Detaillierte Wetterkarten und mehr

Neben einer zuverlässigen Vorschau der nächsten Tage zeigt die App Wetterkarten, durch die Sie per Wischen oder ein Menü blättern. Auf einen Blick sehen Sie dann, wo beispielsweise im Großgebiet München am nächsten Tag die Sonne scheint und wo es bewölkt sein wird. Die App bietet auch Echtzeit-Radardaten – wichtig, um zu sehen, wie sich ein aufziehendes Gewitter entwickelt –, Niederschlagsprognosen und vieles mehr. Von den fein aufgelösten Karten profitieren auch Allergiker: Die App zeigt, wo genau welche Pollen fliegen. Auch UV-Index und Luftqualität werden angegeben.

So lesen Sie die Wettervorhersage

Für eine Vorhersage für den aktuellen Standort tippen Sie auf das Symbol mit Wolke und Sonne. Hier sind drei verschiedene Wettervorhersagen aufgelistet, dargestellt durch die drei Linien oben in der Grafik. Stimmen die drei Linien überein, ist die Prognose recht zuverlässig, bei Unterschieden eher unsicher.

- ▶ **Gelbe Linien** bedeuten, dass zu dieser Uhrzeit Sonnenschein sehr wahrscheinlich ist.
- ▶ **Graue Linien** bedeuten Wolken.
- ▶ **Blaue Linien** bedeuten Regen.

> **Kurzüberblick**
> - Sehr hochwertige Wetterdaten
> - Zahlreiche Zusatzinformationen und Karten
> - Komplizierte Bedienung, älteres Design
> - Kann nur kurze Zeit kostenfrei getestet werden

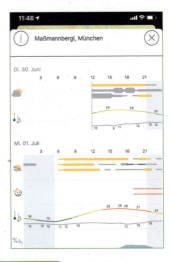

Alternative

→ **Weather Pro**

Die App von der MeteoGroup liefert umfangreiche und zuverlässige Wetterdaten und bietet eine komfortable und gut gestaltete Oberfläche. Mit einer Abogebühr von 12 Euro pro Jahr ist sie aber auch nicht ganz billig. (Android / iOS)

Reise & Natur

Auf Reisen hat sich das Smartphone zum unentbehrlichen Begleiter entwickelt. Vor allem die integrierte Ortungsfunktion erschließt spannende Möglichkeiten, die weit über die bloße Orientierung am Reiseziel hinausgehen. Spezialisierte Apps nutzen zudem die Smartphone-Kamera, um Ihnen mehr über das zu verraten, was Sie sehen – auf Städtetrips, in der Natur und sogar am Sternenhimmel.

Ihr Smartphone als Reisebegleiter

📍 **Touristen mit unhandlichen Faltstadtplänen** sieht man immer seltener, stattdessen verlassen sich Reisende heute auf ihr Smartphone als Wegweiser – und das völlig zu Recht. Ermöglicht doch die Technologie GPS die genaue Ortung des Standorts, ein integrierter Kompass sorgt zusätzlich für die Angabe der Richtung zu einem Ziel. Nutzen Sie eine Stadtführer-App wie Spotted by Locals, kann diese Sie nicht nur auf Geheimtipps in der Nähe hinweisen, Sie sehen zudem auf dem Display, wo sich der Ort befindet und wie weit er entfernt ist. Wanderungen werden ebenfalls immer öfter von einem Smartphone begleitet. Während in Städten Google Maps als Routenplaner unschlagbar ist, gibt es für Wanderungen bessere Alternativen wie Bergfex Touren.

Spannende Einblicke mithilfe der Smartphone-Kamera

Die Kombination aus Kamera und Daten macht noch ganz andere Funktionen möglich, die man als Augmented Reality (AR) bezeichnet: Die App SkyView kann per Kamera-App und GPS den Sternenhimmel erklären und Virtlo zeigt Ihnen den Weg zur nächsten Post oder U-Bahn. Per Kamera können Sie sich sogar Ihre Umgebung erklären lassen. So lassen sich Pilze mit der App Pilzator bestimmen.

Bergfex Touren: Wanderungen planen und begleiten

Google Maps und Apples Karten sind unschlagbar, wenn Sie in einer Stadt oder per Auto den Weg zu einer bestimmten Adresse suchen. Bei Wanderungen stoßen Sie allerdings schnell an die Grenzen dieser Kartendienste. Hier sind spezialisierte Apps wie Bergfex Touren überlegen, mit denen Sie umfangreiche Touren planen oder schon fertige Routen abrufen können – inklusive detaillierter Informationen, Nutzerbewertungen und Fotos des Weges. Bei der Auswahl der Tour sollten Sie nicht zuletzt die Angabe des Schwierigkeitsgrades beachten. Das Höhenprofil verrät, ob Sie an einer Stelle plötzlich mehrere Hundert Höhenmeter überwinden müssen.

Große Auswahl an Touren

Nicht nur für Bergtouren ist die österreichische App gedacht, Sie können damit ebenso Stadtspaziergänge, Fitness-Läufe, Radtouren und Ski-Touren planen. Die App stellt außerdem über 70 000 fertige Touren zum Abruf bereit. Dank Unterstützung des Standardformats GPX können Sie noch zahllose weitere Tourenpläne importieren. Ebenso haben Sie die Möglichkeit, Ihre eigenen Wanderungen plattformübergreifend zu exportieren und so anderen zur Verfügung zu stellen.

Clevere Sonderfunktionen, teilweise aber nur im Abo

Schon die kostenlose Version ist gut nutzbar, viele Sonderfunktionen stehen allerdings nur nach der Buchung eines Jahresabos für 7 Euro zur Verfügung. Zusätzlich können Sie dann auf detailliertere Karten wie die österreichische Karte ÖK50 zugreifen und Karten offline nutzen, auch weitere Funktionen bei der Routenplanung sowie Info-Einblendungen und ein Neigungsmesser werden freigeschaltet. Etwas erweitert wird auch die Unterstützung externer Geräte: Sie können während der Tour Daten von einem Bluetooth-Pulsmesser sammeln, Besitzern der Pro-Version stehen dabei sogenannte Zonen zur Verfügung. Hinzu kommen viele durchdachte Konfigurationsmöglichkeiten: Damit nicht plötzlich das Smartphone dunkel ist, kann die App das Tracking bei einer Restkapazität von 20 Prozent automatisch abschalten. iOS-Nutzer können sich außerdem auf ihrer Apple Watch eine Karte und Werte wie Distanz, Höhenmeter und Kalorienverbrauch anzeigen lassen – auch mit der kostenlosen Version.

Kurzüberblick

- Zahlreiche Routen
- Gute Routenplanung
- Schwerpunkte sind Touren in Österreich oder Süddeutschland
- Bei häufiger Ortung hoher Akkuverbrauch

So speichern Sie eine Tour mit Fotos ab

Diese Funktionen finden Sie unter *Aktivitäten*:
1. Tippen Sie auf die drei Punkte unterhalb der Karte.
2. Sie können nun nachträglich den *Track bearbeiten*, also den Weg etwas ändern, die Tour *Umbenennen*, aber auch über das Foto-Archiv *Fotos hinzufügen*.
3. Wenn Sie nun die Option *Tour erstellen* auswählen, wird die Tour gespeichert.
4. Bearbeiten und veröffentlichen können Sie diese Tour dann über Ihren Web-Account bei Bergfex.at.

Alternative

→ **Komoot**
Auch die weitverbreitete App Komoot unterstützt Tourenplanung und Navigation. Sie richtet sich an Wanderer und Fahrradfahrer. Sehr umfangreich ist das Angebot an Touren, eine Region ist kostenlos nutzbar. (Android / iOS)

Spotted by Locals: Geheimtipps für die Städtereise

Reiseführer empfehlen oft nur Altbekanntes: Museen, Ausstellungen, Denkmäler und von Touristen überlaufene Sehenswürdigkeiten, die jeder schon kennt. Einen völlig anderen Ansatz bietet der Dienst Spotted by Locals. Hier stammen die Tipps und Ausflugsempfehlungen von ausgesuchten einheimischen Autoren und die Inhalte werden laufend ergänzt.

Empfehlungen von einheimischen Bloggern

Hinter der App steht eine Gemeinschaft von mehreren Hundert Blog-Autoren aus 81 Städten, die über ihre Heimatstadt schreiben. Bekannte Touristenattraktionen bleiben bewusst außen vor – so fehlt in München das Hofbräuhaus –, fast nur „Geheimtipps" werden veröffentlicht. Finanziert wird das Unternehmen durch die App, die gegenüber der Webseite zahlreiche Vorteile bietet. Alle Beiträge sind allerdings englischsprachig, auch die der deutschen Autoren.

Tipps und Karten für 4 Euro pro Stadt

Pro Stadt zahlen Sie eine Gebühr von 4 Euro, dann können Sie die Tipps und Offline-Karten herunterladen und ohne Internetzugang nutzen. Auf einer Karte zeigt die App alle interessanten Sehenswürdigkeiten in der Nähe Ihres Standorts an. Diese können Sie zusätzlich nach Kategorien sortieren oder nach Stichworten durchsuchen. Schwerpunkt sind interessante Lokale und Einkaufsmöglichkeiten, aber auch Kultur, Architektur und Freizeitangebote kommen nicht zu kurz. Zu jedem Tipp finden Sie einen ausführlichen Beschreibungstext und Foto, zusätzlich weiterführende Informationen wie Webseite oder Telefonnummer.

Ein Reiseführer, der immer aktuell ist

Ein Unterschied zu einem herkömmlichen Reiseführer in Buchform ist außerdem, dass die App und damit die Tipps regelmäßig aktualisiert werden – dieser Reiseführer veraltet also nicht, ein großer Vorteil.

So finden Sie das, was Sie interessiert

Die App bietet offline nutzbare Karten, sie erkennt und markiert Ihren Standort automatisch. In der Voreinstellung sehen Sie alle Arten von Tipps auf einmal, das wird in einer Großstadt aber schnell unübersichtlich. So können Sie gezielter suchen:

1. Über das Ausklappmenü *All Categories* reduzieren Sie die Anzeige auf eine Rubrik wie *Music* oder *Theaters*.
2. Mit einmaligem Antippen eines Tipps blendet sich eine Kurzbeschreibung und die Entfernung in Metern ein.
3. Wenn Sie auf die Kurzbeschreibung tippen, sehen Sie den kompletten Eintrag – und können ihn unter Ihren *Favorites* speichern.

Kurzüberblick

- Ausgewählte Tipps von Einheimischen
- Gute Routenplanung und Ortung
- Keine „klassischen" Sehenswürdigkeiten wie Museen enthalten
- Englischsprachig

Alternative

→ **Marco Polo**

Die Marco Polo Erlebnistouren sind eine Sammlung an Stadttouren, etwa ein Plan für einen Stadtrundgang in Berlin. Die Beschreibungen enthalten auch Stadtpläne, sind offline nutzbar und kostenlos. (Android / iOS)

Virtlo: Schnelle Orientierung dank Augmented Reality

Bei der Orientierung in einer fremden Stadt helfen Karten nur bedingt. Schließlich weiß man oft gar nicht, in welche Richtung man gerade blickt. Hier schlägt die Stunde der Augmented Reality: Die App Virtlo nutzt das Kamerabild, um darin alle nahen Sehenswürdigkeiten, Behörden, Museen und Geschäfte anzuzeigen.

Sofort die Richtung erkennen

Der große Vorteil: Die genaue Richtung, in der ein Ziel liegt, ist sofort erkennbar. Ideal eignet sich diese Anzeige, um schnell nach einzelnen Orten zu suchen, zum Beispiel nach dem nächsten Bahnhof oder der nächsten U-Bahn-Station. Geben Sie „U-Bahn" ein und das Kamerabild zeigt Ihnen sofort, wohin Sie gehen müssen – je größer die Einblendung, desto näher sind Sie Ihrem Ziel.

Einfache Suche per Kamerabild

Nützlich ist die App auch dann, wenn Sie nach dem nächsten Shop einer bestimmten Marke oder einer Restaurantkette suchen. Oder wollen Sie wissen, wo die nächste Apotheke ist? Dann geben Sie in der App „Apotheke" ein oder wählen die Kategorie *Apotheken*. Sofort blendet die App alle Apotheken in der näheren Umgebung in Form von sogenannten Labels, kleinen dreidimensionalen Bannern, im Kamerabild ein. Sortiert sind die Apotheken nach Entfernung und Richtung, durch das Bewegen des Kamerabildes sehen Sie sie in der jeweiligen Himmelsrichtung.

Alternative Anzeige und Routenplanung

Augmented Reality ist aber nicht immer die effektivste Lösung, um ein Restaurant oder Museum auszuwählen. Halten Sie das Smartphone waagerecht, dann erhalten Sie stattdessen eine herkömmliche Liste aller gewünschten Ziele eingeblendet. Tippen Sie auf einen der Einträge, dann zeigt die App den Standort und die Route zu diesem Ziel auf einer herkömmlichen Karte – unter iOS mit Karten, unter Android mit Google Maps. Die Informationen zu Sehenswürdigkeiten und Einkaufsmöglichkeiten stammen von OpenStreetMaps und werden laufend aktualisiert. Die iOS-Version ist etwas funktionsreicher als die Android-Version, so können Sie hier die Daten für einen Ort herunterladen und die App später offline nutzen.

So ändern Sie die Ansicht per Schwenken

Die App zeigt auf Wunsch alle Standorte in der Nähe im Kamerabild an. Bei Dutzenden Treffern in einer Stadt ist dies aber unübersichtlich und eine Listenansicht ist unter Umständen sinnvoller. Halten Sie dazu das Gerät waagerecht. Nun sehen Sie eine herkömmliche Liste der Standorte. Per Antippen zeigt Ihnen die App eine Route, auch die Richtung wird automatisch angegeben.

Kurzüberblick

- Einfache Bedienung und Ortung
- Umfangreiche Standortdaten vom Projekt OpenStreetMaps
- Informationen veralten sehr schnell
- Bei sehr vielen Treffern ist die AR-Anzeige nicht ideal
- Android-Version bietet weniger Funktionen

Alternative

→ **TripAdvisor**

Viele Apps für Reisende haben sich auf ein bestimmtes Thema spezialisiert. Bei der App TripAdvisor sind es die Themen Flüge, Restaurants und Hotels, die sehr umfassend erfasst und aktuell sind. Stärke der App sind die zahlreichen Bewertungen von Gästen. (Android / iOS)

dict.cc: Wörterbuch und Vokabeltrainer

Die neuen Übersetzungs-Apps Google Translate und Apples Translator können Spracheingaben übersetzen und sind auf Urlaubsreisen quasi ein Dolmetscher. Die App dict.cc wirkt da fast schon altmodisch: Es handelt sich um eine herkömmliche Wörterbuch-App, die „nur" einzelne Wörter übersetzen kann. Wollen Sie aber gezielt einen unbekannten Begriff nachschlagen oder eine fremde Sprache lernen, beweist die App ihre Qualitäten.

Praktisches Wörterbuch für unterwegs

Die Bedienung ist einfach: Geben Sie den gesuchten Begriff in die Suchleiste ein, eine Autovervollständigen-Funktion hilft Ihnen dabei. Alternativ können Sie ein Wort über die Zwischenablage importieren, auf Wunsch startet die Suche dann beim Öffnen der App. Eindrucksvoll ist die Zahl der Wörterbücher. Insgesamt 51 Sprachenpaare wie „Deutsch-Bulgarisch" oder „Deutsch-Russisch" sind verfügbar.

„Deutsch-Englisch" sehr umfangreich

Der Umfang variiert: Vor allem das Wörterbuch „Deutsch-Englisch" ist mit über 1,2 Millionen Übersetzungspaaren ungewöhnlich umfangreich, „Deutsch-Russisch" mit 100 000 Paaren hingegen vergleichsweise knapp. Im englischen Wörterbuch sind auch viele Fachbegriffe enthalten, aus Bereichen wie Buchhaltung, Botanik, Entomologie oder Reitsport. Nicht selbstverständlich sind außerdem über eine Million Audiodateien, über die Sie sich die korrekte Aussprache anhören können. Während Sie die Wörterbücher herunterladen und offline nutzen können, sind die Audiodateien aber nur per Internetabruf verfügbar.

Preiswerte Plus-Version mit Vokabeltrainer

Die Plus-Version ist mit 2 Euro pro Jahr relativ günstig. Neben dem Verzicht auf Werbung bietet sie eine Auflistung der zuletzt gesuchten Wörter, Favoriten, ein Vokabelquiz und einen Vokabeltrainer. Das Vokabelquiz ist relativ simpel – ein Multiple-Choice-Test zum Übersetzen von Begriffen. Komplexer ist der Vokabeltrainer. Per Download-Option können Sie bereits vorgefertigte Vokabellisten anderer Nutzer herunterladen oder eigene Listen erstellen.

So nutzen Sie den Vokabeltrainer

Aufgebaut ist das Tool nach dem alten Prinzip der Vokabelkarten: Man wird abgefragt, bei korrekter Antwort landet die Karte im nächsten von vier Kästchen. Über ein Menü können Sie einige nützliche Optionen aufrufen: So können Sie auf Wunsch nur *Blockweise lernen*, also vielleicht nur 20 Vokabeln pro Tag. Auch *Vokabeln mischen* ist möglich, damit die Fragen nicht immer in der gleichen Reihenfolge kommen.

Kurzüberblick

- Sehr umfangreiches Englischwörterbuch
- Viele weitere Wörterbücher
- Audiobeispiele
- Vokabeltrainer
- Keine Integration in andere Apps möglich

Alternative

→ **Leo Wörterbuch**

Vom bekannten Online-Wörterbuch Leo gibt es auch eine App-Version. Die kostenlosen Wörterbücher unterstützen Deutsch in Kombination mit Englisch, Französisch, Spanisch, Italienisch, Chinesisch, Russisch, Portugiesisch und Polnisch. Auch Grammatik und Etymologie sind enthalten, ebenso ein Vokabeltrainer. (Android / iOS)

SkyView: Himmelskörper erkennen per Kamerabild

Der Anblick des Sternenhimmels ist schon für sich allein faszinierend. Wenn Sie jedoch neugierig sind, was genau es am nächtlichen Himmel zu sehen gibt, werden Sie mit der App SkyView viel Freude haben. Es handelt sich dabei um eine Augmented-Reality-App, die Himmelskörper und Sternbilder erkennt und erklärt.

Anzeige von Sternbildern, Planeten und Satelliten

Sie starten die App, richten die Kamera auf den Himmel und im Kamerabild werden dann die Namen der Sternbilder, Planeten und einzelner Sterne eingeblendet. Das funktioniert sehr genau, auch Satelliten kann die App erkennen und beispielsweise den Weg der Station ISS als Pfad anzeigen, ebenso wie die Bewegungen anderer Himmelskörper. Die Bedienung ist äußerst einfach und fast selbsterklärend, ein Nachteil ist allerdings die englische Beschriftung beispielsweise der Tierkreiszeichen – also Virgo und Sagittarius statt Jungfrau und Schütze.

Wie die App funktioniert

Die App ist schon seit einigen Jahren auf dem Markt, aber noch immer beeindruckend und solide gemacht. Ihre Grundlage ist die Ortungsfunktion des Smartphones, die mit GPS-Ortung per Satellit und einem integrierten elektronischen Kompass funktioniert. Dabei wird nicht nur die Himmelsrichtung gemessen, durch einen zusätzlichen Lagesensor misst das Gerät auch die genaue Ausrichtung des Smartphones. Per GPS kennt die App den Standort und weiß, welche Sterne von dort aus zu sehen sind.

Informatives Kamerabild

Per Antippen erhalten Sie Informationen zu den Sternbildern oder Sternen, auch ein weiterführender Artikel zu dem Himmelskörper ist einblendbar. Voreingestellt ist eine Anzeige, bei der Sternzeichen-Linien und -Grafiken, Horizontlinie und Kompass zu sehen sind. Das ist Ihnen zu viel? All dies können Sie ausblenden, zwei Farbmodi stehen für die Oberfläche ebenfalls zur Wahl.

Kurzüberblick

- Gute und schnelle Ortung
- Viele Zusatzeinblendungen
- Englischsprachige Beschriftungen

Praktisch für Hobby-Astronomen

Interessant für Astronomiefans mit einem Teleskop der Marke SpaceNavigator: Mit einer speziellen Halterung können Sie Ihr Smartphone an einem solchen Teleskop befestigen, damit es Ihnen beim Finden bestimmter Sterne oder Konstellationen helfen kann. Schon die kostenlose Version SkyView Lite hat einen guten Funktionsumfang, die Vollversion bietet für 1,57 Euro umfangreichere Sternenkarten und verzichtet auf Werbeeinblendungen.

So schalten Sie die Hintergrundmusik aus

Nicht jedermanns Sache ist die Hintergrundmusik der App. Wenn Sie die Musik deaktivieren möchten, rufen Sie die Voreinstellungen auf. Tippen Sie oben links auf die drei Linien und wählen Sie die Option *Music & Sounds*. Hier können Sie die sogenannte *Stargazing Music* deaktivieren.

Alternative

→ **Star Walk**

Das deutschsprachige Star Walk nutzt wie SkyView Augmented Reality, um Himmelskörper zu benennen. Weitere Anzeigeoptionen wie die 3D-Modelle unter anderem für Nebelflecken, Sternbilder und Satelliten sind aber kostenpflichtig. (Android / iOS)

Pilzator/Pilz Erkenner: Pilze bestimmen

Auch Naturkenner sind oft ratlos, wenn man sie nach dem Namen eines Pilzes fragt. Pilze zu bestimmen ist nämlich gar nicht so einfach. Eine gute Hilfe ist eine App wie Pilzator, die Pilze per Kamerafunktion erkennt. Die kostenlose App versucht dies anhand der Form eines Pilzes. Das funktioniert oft schnell und mit guten Ergebnissen, wenn auch nicht immer perfekt.

Wie werden die Pilze erkannt?

Vor dem Scannen werden Sie aufgefordert, ein paar Fragen zu beantworten, um die Genauigkeit zu erhöhen. So will die App wissen, ob der Pilz auf Holz wächst, wie die Unterseite aufgebaut ist und ob es einen Ring von Pilzen (also mehrere) gibt. Danach öffnet sich die Kamerafunktion und Sie können mit der Analyse beginnen. Für ein gutes Ergebnis ist es ideal, wenn Sie den Pilz in der Hand halten und drehen können, damit er von allen Seiten erfasst wird. Die Prüfung funktioniert aber auch, ohne dass Sie jeden Pilz gleich abpflücken. Sie sollten sich für die Aufnahme etwas Zeit lassen, das verbessert die Ergebnisse. Die Aufnahme beenden Sie mit der *Stop*-Taste. Kurz darauf erhalten Sie die Ergebnisse der Analyse präsentiert – einen Haupttreffer und mehrere weitere Möglichkeiten.

Welche Versionen der App gibt es?

Die App ist kostenlos verwendbar und wird durch eingeblendete Werbung finanziert. Für 5 Euro Abogebühr pro Jahr oder einen einmaligen Kauf für 9 Euro wird sie werbefrei. Zusätzlich können Sie die

Position der Pilze und die Ergebnisse über einen Online-Dienst speichern. Ein Hinweis: Die App trägt im Play Store mit „Pilzator" einen anderen Namen als im App Store, dort heißt sie „Pilz Erkenner".

Risiko Giftpilze: Nicht auf die App verlassen!

Auf eine Einschränkung besteht die App aber und betont dies auch mehrmals: Die Erkennung ist anfällig für Fehler. Bei der Frage, ob ein Pilz essbar ist, sollten Sie deshalb nicht auf die App vertrauen. Pilze zu sammeln ist nicht ganz ungefährlich, denn einige giftige Pilze sehen ihren ungiftigen Geschwistern zum Verwechseln ähnlich. Sich nur auf eine App wie Pilzator zu verlassen, ist viel zu riskant. Hier hilft nur der Blick eines erfahrenen Pilzkenners.

So bestimmen Sie einen Pilz auf einem Foto

Die App kann auch das Foto eines Pilzes analysieren, auch hier sind die Ergebnisse recht gut. Tippen Sie dazu statt auf die Scan-Funktion auf *Von Bild* und dann auf *Anfangen*. Sie können nun wahlweise ein Foto aus dem Archiv Ihres Smartphones übernehmen oder ein neues Foto erstellen. Die besten Ergebnisse erzielen Sie, wenn der ganze Pilz zu sehen ist – sowohl Hut als auch Unterhut (Unterseite) und Stiel.

Kurzüberblick

- Einfache Identifizierung von Pilzen
- Fotos werden unterstützt
- Begrenzte Zuverlässigkeit
- Gefahr, dass Giftpilze nicht erkannt werden; Pilzfunde daher zur Sicherheit prüfen lassen

Alternative

→ **Pilzführer Pro**

Pilzführer Pro hilft mit zwei Bestimmungsfunktionen und 2 000 Bildern bei der Identifizierung von Pilzen – etwa über Eigenschaften wie Geruch, Aussehen, Fruchtkörper-Typ und viele mehr. Die Pro-Version kostet 10 Euro, es gibt auch eine Lite-Version. (iOS)

NABU Vogelwelt: Vögel erkennen

„Was ist das denn für ein Vogel?" Wenn diese Frage bei einer Wanderung aufkommt, kann die App NABU Vogelwelt vielleicht die Antwort liefern. Sowohl Amateure als auch Profis ziehen sie zurate, wenn es darum geht, eines der faszinierenden Geschöpfe korrekt zuzuordnen. Grundlage der vom Naturschutzbund Deutschland herausgegebenen App bilden über 1 000 detaillierte Fotos von 308 in Deutschland vertretenen Vogelarten.

Hilfe bei der Bestimmung der Vogelart

Beim Versuch, die Art eines Vogels zu bestimmen, unterstützt Sie die App durch eine Vielzahl an Funktionen. So können Sie die Anzeige auf die etwa hundert häufigsten Vogelarten in Deutschland beschränken, die Galerie an Arten wird dann weit übersichtlicher. Bei schwierigeren Fällen hilft eine fachgerechte Bestimmungsfunktion, bei der die App Sie nach Eigenschaften wie Habitat, Schnabellänge und -form, Farbe und Muster befragt und die Auswahl an potenziellen Kandidaten immer weiter eingrenzt. Auch der direkte Vergleich zwischen zwei Vogelarten ist möglich.

Umfangreiche Beschreibungen und viele Fotos

Die App eignet sich gut als Vogel-Lexikon: Zu jedem Vogel gibt es eine ausführliche Beschreibung und meist mehrere hochwertige und freigestellte Fotos. Gut gegliedert erfahren Sie mehr über Taxonomie und Häufigkeit, Lebensraum und Verbreitung, aber auch Details wie Brutzeit sowie Aussehen und Größe der Eier. Eine Karte der Verbreitung in Europa ist ebenfalls abrufbar. Auf Wunsch können Sie außerdem Beobachtungslisten erstellen.

Interessante kostenpflichtige Erweiterungen

Einige kostenpflichtige Erweiterungen sind erhältlich, so erhalten Sie für 4 Euro eine Sammlung an Vogelstimmen, welche die App um Aufnahmen von bis zu 1000 Gesängen und Rufen ergänzt. Auch ein zusätzliches Videopaket, Bilder der Eier sowie detaillierte Karten der Verbreitung in Deutschland sind verfügbar.

So erstellen Sie eine Beobachtungsliste

Konnten Sie die Vogelart bestimmen? Dann können Sie Ihre Beobachtung in eine Liste eintragen:

❶ Tippen Sie auf das *Fernglas*-Symbol, das Sie in der unteren Symbolleiste sehen.
❷ Die Anzahl der Vögel wählen Sie aus einer Palette aus, Datum und Ort können Sie automatisch eintragen lassen oder manuell eingeben. Auch eine Notiz lässt sich ergänzen.
❸ Die fertigen Listen können Sie auf Wunsch exportieren und damit an NABU-Zählungen wie „Stunde der Gartenvögel" teilnehmen.

Kurzüberblick

- Hochwertiges Bildmaterial
- Umfangreiche Informationen
- Unterstützt nur die Vogelarten in Deutschland
- Einfache Erstellung von Beobachtungslisten
- Keine Erkennung von Vogelstimmen

Alternative

→ **Birdnet**

Die App Birdnet ist auf die Erkennung von Vögeln per Vogelstimme spezialisiert. Man nimmt eine Vogelstimme auf und die App versucht, diesen Klang zuzuordnen. Laut Hersteller werden über 1000 Vögel aus Europa und Nordamerika unterstützt. (Android / iOS)

Verkehr & Mobilität

Im Bereich Navigation dominieren die Lösungen von Google und Apple den Markt, im Auto ersetzen sie sogar immer öfter die klassischen Navigationsgeräte. Es gibt jedoch auch spezialisierte Apps für Fahrradfahrer und Öffi-Nutzer, und selbst Schifffahrt-Fans finden die richtige App für ihr Smartphone.

Ihr Smartphone als Navigator

Fragen Sie heute jemanden nach dem Weg, fragt so mancher unwirsch zurück, ob Sie Ihr Handy vergessen haben – so selbstverständlich ist für viele die Navigation per Smartphone geworden. Für die meisten Aufgaben sind die vorinstallierten Karten-Apps von Google und Apple mehr als ausreichend. Manchmal sind aber Spezialisten die bessere Lösung. Zur Planung einer Fahrradtour eignet sich beispielsweise eine App wie BikeCitizens. Wenn Sie hingegen mit dem Boot unterwegs sind, brauchen Sie eine ganz andere Art von Karten, die eine App wie Marine Navigator liefert.

Apps für den öffentlichen Nahverkehr und Carsharing

Für Fahrten mit öffentlichen Verkehrsmitteln empfiehlt sich die App Moovit, die mit nützlichen Sonderfunktionen durch den Großstadtnetzplan führt. Eine App kann aber auch neue Konzepte in der Pkw-Nutzung unterstützen, so versucht beispielsweise WeShare, Elektromobilität und Carsharing unter einen Hut zu bringen. Die Konkurrenz schläft aber nicht: Google Maps holt gegenüber den Spezialisten schnell auf, eine besonders interessante neue Funktion basiert auf der Technologie Augmented Reality. Sie blendet Wegweiser ins Kamerabild ein und bringt Navigation auf eine ganz neue Ebene.

BikeCitizens: Navigation für Radfahrer

Google Maps und Apple Karten bieten zwar immer besser auf Fahrradfahrer und Fußgänger abgestimmte Routen, hier gibt es aber noch Mängel. BikeCitizens ist daher eine gute Alternative. Die App hat sich auf Wegbeschreibungen und Navigation für Fahrradfahrer spezialisiert. Weltweit sind Fahrradrouten für 500 Städte und ihr Umland verfügbar. Die App kann sogar offline genutzt werden – das spart nicht nur Datenvolumen, sondern auch Akkuleistung.

Einige kostenlose Karten und solche zum „Freiradeln"

Bei der Planung einer Route bevorzugt die App Radwege und Nebenstreifen, sie kennt von einer Stadt empfohlene Touren und „Insider-Radtouren" von ortsansässigen Fahrradkurieren. In einigen Städten wie München, Frankfurt und Stuttgart sind die Karten sogar kostenlos, weil sie von der jeweiligen Stadt gesponsert werden. Andere Karten kosten 5 Euro – Sie können sie aber auch mit 100 Kilometer Nutzung in 30 Tagen „freiradeln"!

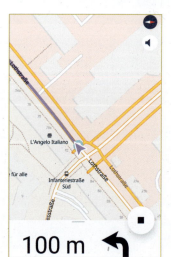

Datensammlung lässt sich deaktivieren

Die Fahrten der Nutzer werden erfasst – so erhalten Sie eine Grafik Ihrer Fahrten angezeigt, eine sogenannte Heatmap. Die Sammlung der Daten soll die App verbessern. Das Unternehmen gibt die Daten zur Fahrradnutzung außerdem anonymisiert an die jeweiligen Städte weiter. Sie können die Datensammlung aber jederzeit deaktivieren.

Die Bedürfnisse der Radfahrer im Blick

Auch die Navigation ist ganz auf Fahrradfahrer ausgelegt: Die Art der Darstellung sorgt für gute Lesbarkeit, während der Fahrt erhalten Sie Sprachansagen und bekommen die aktuelle Geschwindigkeit, verbleibende Fahrzeit und Streckenlänge angezeigt. Weichen Sie von der Route ab, berechnet die App die Route sofort neu. Sie können zwischen drei Radtypen auswählen – Rennradfahrern werden dann etwa Routen mit Kopfsteinpflaster und Straßenbahnen erspart. Mit „Finn" bietet die Firma sogar eine eigene Smartphone-Halterung für die Befestigung am Fahrrad.

So erstellen Sie eine Radtour

Wenn Sie eine Stadt per Rad erkunden wollen, ist die App sehr nützlich. Wählen Sie über die Navigation die Funktion *Touren*, erhalten Sie eine Auswahl an fertigen Radtouren. Sie können aber auch anhand einer Liste an Sehenswürdigkeiten eine eigene Tour erstellen: Tippen Sie auf *Tour erstellen*, dann können Sie aus lokalen Sehenswürdigkeiten einer bestimmten Art wie *Shopping*, *Architektur* oder *Aussichtspunkte* wählen. Unter *Top-Sehenswürdigkeiten* finden Sie eine Liste mit besonders interessanten Zielen aufgelistet – inklusive der Entfernung zu Ihrem Standort. Wählen Sie mehrere Orte aus, die App erstellt nun eine passende Route.

Kurzüberblick

- Fahrradrouten für 500 Städte, einige kostenlos
- Offline-Nutzung möglich
- Erstellen eigener Touren möglich
- Speichern einer Fahrt erst nach ihrem Abschluss möglich
- Sammlung der Fahrtdaten, kann deaktiviert werden

Alternative

→ **Maps.ME**

Die App Maps.ME ist ein Routenplaner, der sich für Autofahrer, Fußgänger und Fahrradfahrer eignet. Die Karten basieren auf OpenStreetMap und können auch offline genutzt werden. Finanziert wird die App durch Werbung, es gibt aber auch ein Abo-Modell. Dann stehen unter anderem auch Reiseführer zur Verfügung. (Android / iOS)

Google Maps: Routenplanung per Augmented Reality

Mit über eine Milliarde Nutzern pro Monat ist der Kartendienst Google Maps unbestritten der erfolgreichste Anbieter auf dem Markt. Erfolgreich ist vor allem die kostenlose Smartphone-App, eine der meistgenutzten Online-Anwendungen überhaupt.

Routenplaner, Navigationsgerät und mehr

Die meisten Funktionen der App sind gut bekannt: Das kostenlose Navigationssystem ist auf allen Android-Geräten vorinstalliert, aber auch für iOS-Nutzer ist die Installation lohnenswert. Tauglich ist die Karten-App als Routenplaner, oft nutzen Anwender sie auch als Navigationsgerät beim Autofahren. Zusätzlich zur Kartenansicht und zur berühmten Satellitenansicht gibt es mit Street View faszinierende Panoramabilder von Straßen, eine 3D-Ansicht von Städten und sogar Bilder von Mars und Mond. Informationen zu öffentlichen Verkehrsmitteln sind ebenfalls enthalten, auf Wunsch erstellt die App Routen für Autos, Fahrradfahrer und Fußgänger.

Neue Augmented-Reality-Funktion Live View

Eine noch wenig bekannte neue Funktion ist die Ansicht Live View: Hier handelt es sich um eine Spezialansicht, die Kamerabild und Google-Maps-Daten für die Echtzeitnavigation kombiniert. Ähnlich wie bei der App Virtlo (S. 54) werden im Kamerabild Zusatzinformationen wie Straßennamen eingeblendet. Diese Augmented-Reality-Funktion ist vor allem hilfreich, wenn Sie nach einer bestimmten Adresse oder einer nahen U-Bahnstation suchen. Zur Verfügung steht die Funktion nur während der Nutzung der Routenplanung und es gibt einige Voraussetzungen: Sie benötigen ein neueres Smartphone und die Umgebung muss durch die Panorama-Ansicht Street View abgedeckt sein. Um den Ort zu bestimmen, muss das System nämlich bestimmte Objekte wie Gebäude und Verkehrszeichen erkennen, die als Markierungspunkte dienen.

So nutzen Sie Live View

Die Funktion ist nur während einer Routenführung nutzbar:
1. Geben Sie ein Ziel ein und tippen Sie auf das kleine viereckige Symbol mit einem Pfeil.
2. Wählen Sie die Fortbewegungsart *Zu Fuß*.
3. Aktivieren Sie in der unteren Symbolleiste die neue Option *Live View*.
4. Richten Sie die Kamera auf die Umgebung. Nachdem sich das System orientiert hat, sehen Sie im Bild Richtungspfeile.

Deaktivieren können Sie den Modus, indem Sie wieder auf *Live View* tippen oder das Gerät senkrecht halten. Bewegen Sie sich, schaltet sich der Modus aber automatisch ab – er ist eher für die schnelle Orientierung an einer Kreuzung gedacht.

Alternative

→ **OsmAnd**

Neben den Karten von Apple und Google gibt es eine Karten-Alternative der Open-Source-Gemeinde: OpenStreetMap. Eine eigenständige App, die diese Daten nutzt, ist OsmAnd. Sie bietet Funktionen für Routenplanung und nutzt auch Daten der Wikipedia. Stärke der App ist die Offline-Nutzung. (Android / iOS)

Kurzüberblick

- Umfassendes Kartenmaterial
- Viele Zusatzinformationen und Darstellungsarten
- Navigator-Funktionen
- Unterstützung von Augmented Reality
- Informationen über Geschäfte und Behörden manchmal veraltet
- AR-Funktion in Bewegung oder während einer Fahrt nicht nutzbar

Moovit: Unterwegs mit dem ÖPNV

In größeren Städten ist es nicht immer leicht, das komplexe System an Nahverkehrsmitteln und Tarifen zu durchschauen – hier kann die App Moovit eine große Hilfe sein. Die Verkehrsnetze von über 3 000 Städten werden unterstützt, neben S-Bahn, Bus und U-Bahn auch zahlreiche andere öffentliche Verkehrsmittel. Das vor Kurzem für 800 Millionen Dollar von Intel übernommene Unternehmen arbeitet mit den Daten der lokalen Verkehrsdienste, nutzt aber zusätzlich Informationen von seinen Nutzern.

Praktische Begleitung in Bus und U-Bahn

Geben Sie Ihr Reiseziel in die App ein, erstellt diese eine Route unter Nutzung des öffentlichen Nahverkehrs. Meist schlägt sie gleich mehrere Möglichkeiten vor und gibt eine Empfehlung. Dies beherrschen zwar auch andere Apps und selbst die Webseiten der Verkehrsbetriebe, aber Moovit bietet außerdem eine Live-Navigation und führt Sie

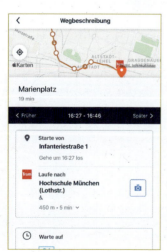

in Echtzeit durch die einzelnen Stationen und Verkehrsmittel. Sie sehen den Weg auf einem Stadtplan, die App nennt Ihnen die nächsten erreichbaren Verkehrsmittel und informiert Sie über Ausfälle und Fahrplanänderungen. Während der Fahrt hält Moovit Sie mittels Systemnachricht auf dem Laufenden: Kommt nach längerem Warten endlich der Bus, werden Sie rechtzeitig informiert. Ebenfalls nützlich ist der *Ausstiegsalarm*. Dieser meldet sich, wenn es für Sie Zeit ist, aus Bus oder U-Bahn auszusteigen.

Einstellmöglichkeiten und Zusatzfunktionen

Über die Voreinstellungen legen Sie fest, ob Sie bei der Routenplanung Wert auf wenig Fußweg legen oder möglichst selten umsteigen wollen. Für die Offline-Nutzung können Sie Fahrpläne als PDF herunterladen, häufig genutzte Linien oder Haltestellen können Sie als Favoriten speichern. Dank der großen Nutzergemeinde kann die App Informationen von Anwendern nutzen, etwa was die Pünktlichkeit betrifft. Auch das Fahrrad wird als mögliches Verkehrsmittel nicht vergessen, Moovit plant Routen per Fahrrad und kalkuliert dabei die Nutzung öffentlicher Verkehrsmittel mit ein. Ungewöhnlich ist auch die Unterstützung von Fahrrad- und Scooter-Leihdiensten wie Lime, Nextbike und Co.

Kurzüberblick

- Gute Unterstützung des ÖPNV
- Benachrichtigungsfunktion, etwa bei Wechsel des Verkehrsmittels
- Unterstützt auch Fahrrad und Leihdienste
- Fahrtinformationen nur in lokaler Sprache, ein Problem im Ausland

So erwischen Sie den letzten Zug

Bei einem Nachtausflug sollten Sie die Planung des Heimwegs nicht vergessen – in manchen Städten wie München stellen U-Bahn oder S-Bahn ihren Betrieb überraschend früh ein. Rufen Sie dazu die Anzeige auf, in der Sie die Route eingegeben haben. Für die Rückreise ändern Sie per Doppelpfeil nun die Richtung der Reise. Tippen Sie auf die Zeitangabe *Jetzt*, dann sehen Sie weitere Optionen. Wählen Sie hier die Zeitangabe *Letzte Linien für Heute*. Es werden nun die letzten Rückreisemöglichkeiten angezeigt.

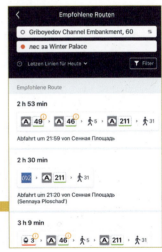

Alternative

→ **MVV**

Die Verkehrsbetriebe der meisten Großstädte haben eigene Apps, auch hier gibt es Funktionen wie Routenplanung, aktuelle Informationen oder Hinweise auf die Belegung von Park-and-Ride-Parkplätzen. Ein Vorteil: Über die eigene App wie die der Münchner Verkehrsbetriebe (MVV) ist oft der direkte Kauf von Tickets möglich. (Android / iOS)

WeShare: Emissionsfreies Carsharing

Für eine Großstadt ist ein Elektrofahrzeug wie geschaffen, werden doch Schwächen wie die niedrige Reichweite weniger zum Problem als auf dem Land. Ein weiterer Trend in den Städten ist Carsharing. Der Anbieter WeShare verbindet beides. Es setzt komplett auf Elektrofahrzeuge, die mit Ökostrom angetrieben werden.

Bisher nur in Berlin, weitere Städte sollen bald folgen

Hinter WeShare steht eine Tochterfirma von VW. Daher ist es keine Überraschung, dass der Dienst komplett auf e-Golfs setzt. Zum Start gibt es 1500 dieser Fahrzeuge in Berlin, das Angebot ist aber laut Anbieter bald auch in Hamburg, Prag, Paris, Madrid, Budapest, München und Mailand vertreten.

Stationsloses Carsharing

Bei WeShare handelt es sich um ein sogenanntes stationsloses Carsharing, die Autos sind also über das ganze Stadtgebiet verteilt und nicht an festen Orten abholbar. Das sorgt bei einem e-Golf mit geringer Reichweite für Probleme, die das Unternehmen per App lösen will.

Einfache Registrierung

Die Registrierung ist über die App schnell geschehen und dauert vielleicht eine Viertelstunde: Sie geben Ihre persönlichen Daten inklusive Mobilfunknummer ein, zusätzlich müssen Sie Ihren Führerschein und Ihren Personalausweis abfotografieren – diese Dokumente werden von WeShare überprüft, bei Fragen erfolgt die Registrierung per Videoanruf. Bezahlt werden die Fahrten über Kreditkarte oder PayPal.

Autos mieten per App

Den Standort des nächsten freien Fahrzeugs sehen Sie in einer Kartenansicht, ebenso Kfz-Kennzeichen, Farbe und Modell. Auch die verbleibende Fahrleistung ist angegeben – meist zwischen 80 und 200 km. Sie können das Auto nun reservieren, das „Aufschließen" der Tür erfolgt per App. Gedacht ist die Nutzung der Autos vor allem für die Stadt, für längere Fahrten verweist WeShare auf den Ladeanbieter Plugsurfing. Eine Karte für das Nachladen liegt im Handschuhfach. Mitte 2020 war der Dienst mit 0,19 Cent pro Minute (plus 1 Euro pro Miete) recht günstig, der Tagespreis lag bei 49 Euro. Die Gebühren sollen aber angehoben werden.

Kurzüberblick

- Carsharing ohne Emissionen, Aufladen per Ökostrom
- Einfache Buchung und Registrierung
- Bonus für Aufladen nach der Fahrt
- Geringe Reichweite, lange Ladedauer der Leihwagen
- Bisher nur in Berlin verfügbar, weitere Städte sollen folgen

So senken Sie die Leihkosten

Wer lädt das E-Mobil auf? WeShare versucht anscheinend, dies durch finanzielle Anreize zu lösen:

▶ **5 Euro Guthaben** erhalten Sie, wenn Sie das Auto bei einer Restreichweite von unter 50 Kilometern an einer öffentlichen Ladestation anschließen.

▶ **2 Euro Guthaben** gibt es fürs Abstöpseln, wenn Sie ein Auto mieten, das noch an der Ladestation hängt.

▶ **50 Euro Strafe** kostet es, wenn Sie den Akku leer fahren und das Auto stehen lassen. (Stand 2020)

Alternative

→ **Stattauto München**

Hinter vielen Carsharing-Diensten stehen Autokonzerne, zumindest für Münchner gibt es mit Stattauto aber eine gemeinnützige Alternative. Dank Partnerschaften ist auch die Ausleihe in anderen Städten möglich. Einige E-Fahrzeuge gehören ebenfalls zum Angebot. (Android / iOS)

Marine Navigator: Echte Seekarten für das Smartphone

Auf See kommen Sie mit Google Maps nicht weit. Hier schlägt die Stunde echter Seekarten, die Profis mit einem sogenannten Kartenplotter nutzen: Das sind teure Navigationsgeräte, die auf einem Display elektronische, zoombare Seekarten zeigen. Die App Marine Navigator richtet sich vor allem an erfahrene Bootsführer, ermöglicht aber auch Laien einen kostenlosen Einblick in diese besonderen Karten. Verfügbar ist die App allerdings nur für Android.

Offline nutzbar dank GPS

Neben der Vollversion gibt es eine kostenlose Lite-Version. Auch ohne Internetverbindung ist das Tool nutzbar, dank GPS zeigt es den aktuellen Standort und Kurs in Echtzeit und zusätzlich Navigationsdaten wie Position und Geschwindigkeit. Ein echtes Profi-Gerät kann eine solche App wohl nicht ersetzen, dazu sind Smartphones in der Praxis zu empfindlich gegenüber Feuchtigkeit und Stößen – laut Fachleuten. Dank integriertem GPS und Kompass ist die App aber eine interessante Ergänzung.

Kostenlose Seekarten

Starten Sie die App, ist die Oberfläche zunächst sehr simpel. Grund ist der hohe Speicherbedarf mancher Karten und die noch fehlende Einblendung von Navigationsdaten. Kostenlos können Sie Karten für die Küsten von Nordamerika und Brasilien herunterladen, über das Open-Source-Projekt OpenStreetMaps auch Karten von Deutschland und Europa (Letztere müssen allerdings mit einem Tool wie 7Zipper entpackt werden). Unterstützt werden Karten des Typs BSB/KAP, verschlüsselte kostenpflichtige Karten ebenso.

Weitere Funktionen kostenpflichtig

Die Lite-Version ist sehr mager ausgestattet. Nur die 8,21 Euro teure Vollversion bietet Funktionen wie Routenplanung und kann Daten über das Austauschformat GPX importieren und ausgeben. Außerdem können Sie nur mit der Vollversion automatisch zwischen Karten wechseln, Sie erhalten mehr Informationen angezeigt und können auch sogenannte Non-Mercator-Projektionen nutzen. Nicht zuletzt gibt es für Profis wichtige Funktionen, so wird etwa das terrestrische Identifikationssystem AIS unterstützt.

Kurzüberblick

- Unterstützt zahlreiche Arten von Karten
- Guter Funktionsumfang
- Keine iOS-Version
- Spärliche Dokumentation
- Lite-Version mit wenig Funktionen

So laden Sie eine der Karten

Nach dem Öffnen der App sehen Sie einen leeren Bildschirm. Tippen Sie unten rechts auf die drei Linien und wählen Sie dann die Option *Import*. Sie können nun aus vier Quellen für Karten auswählen. Für einen ersten Test wählen Sie *NOAA USA*, Sie erhalten hier mehrere US-Karten aufgelistet. Als Test eignet sich eine der kleineren Karten wie *NV*. Tippen Sie darauf, startet ein Download. Die Datei wird kurz darauf in dem Fenster angezeigt. Sie müssen sie nun noch entpacken, dazu tippen Sie auf die Datei. Die Karten importiert das Tool Stück für Stück, das kann einige Minuten dauern. Über das *Lupen*-Symbol steuern Sie die Anzeigegröße.

Alternative

→ **iNavX Marine**

iNavX Marine ist ebenfalls ein sogenannter Plotter, der die Position in Echtzeit anzeigt. Zahlreiche Kartenarten werden unterstützt, die 5,49 Euro teure App ist für iOS und Android verfügbar. Eine kostenlose Version gibt es allerdings nicht. (Android / iOS)

VesselFinder: Schiffe identifizieren

Stehen Sie am Hafen oder Strand und sehen ein vorüberziehendes Schiff, möchten Sie vielleicht mehr wissen: Was ist wohl die Herkunft des Tankers oder das Ziel des Passagierschiffs? Warum ist es so merkwürdig geformt? Diese Fragen kann Ihnen VesselFinder beantworten

Informationen aus Schiffsdatenbanken

Die App fragt internationale Schiffsdatenbanken ab und zeigt die Position und die Route der Schiffe auf einer Karte sowie weitere Daten an. Zielgruppe sind vor allem Schifffahrt-Fans, sogenannte Schiffsspotter. Aber auch für den Ostseeausflug ist die App ein netter Begleiter, mit dem Sie während einer Fahrt mit der Fähre die eigene Position verfolgen können – oder die Kreuzfahrt der Verwandten im Blick behalten.

Positionsbestimmung per Satellit und Sender

Möglich macht dies der Zugriff auf gleich zwei Ortungssysteme: Satellitendaten und das terrestrische Identifikationssystems AIS. Grundlage für das System AIS sind AIS-Sender, die auch auf kleineren Schiffen installiert sind. Weltweit kann die App so die Position von etwa 100 000 Schiffen anzeigen und ihre Namen sowie zusätzliche Informationen abrufen. Hochwertig ist auch das Kartenmaterial, in Echtzeit können Sie an jeder beliebigen Stelle des Globus Schiffe aufspüren und ihre Routen verfolgen. Bei vielen Schiffen kann die App auch Fotos liefern, eine gezielte Suche nach bestimmten Schiffen ist möglich. Begrenzt sind die Daten allerdings auf bestimmte Küstenregionen und Schiffe ab einer bestimmten Größe. Schiffe auf einem Binnensee wie dem Chiemsee gehören beispielsweise nicht dazu und auf Flüssen werden nur die größeren Fahrzeuge erkannt.

Pro-Version für begeisterte Schiffsspotter

Eine Webversion ist auf der Seite des Anbieters verfügbar. Die kostenlose Version bietet bereits die wichtigsten Funktionen, die Pro-Version kann außerdem Schiffe als Favoriten speichern – unter *My Fleet*. Auf Wunsch werden dann nur diese Schiffe in der Übersicht eingeblendet. Zusätzlich zeigt die Pro-Version, die 7,49 Euro (Android) bzw. 11 Euro (iOS) kostet, die Bewegung der Schiffe in den letzten sieben Tagen und weitere Informationen über die Schiffe an. Die Daten der Webseite VesselFinder bilden auch Grundlage ähnlicher Apps wie Marine Radar.

So blenden Sie die Namen der Schiffe ein

Die Übersicht der Schiffe wirkt auf den ersten Blick alles andere als übersichtlich, wohl aus Platzgründen sind die Namen der Schiffe ausgeblendet. Dies können Sie über die Voreinstellungen ändern:

1. Tippen Sie auf *Settings*.
2. Aktivieren Sie hier die Option *Always show names*.

> **Kurzüberblick**
> - Zeigt Namen und Position von Schiffen in Echtzeit
> - Liefert Zusatzinformationen und Bilder
> - Kleinere Schiffe und viele Binnenfahrzeuge werden nicht unterstützt

Alternative

→ **Flugzeuge Live – Flugradar**

Flugzeuge Live ist ein Flugtracker, mit dem Sie die Route von Flugzeugen verfolgen können. Die App ist auch für Fluggäste interessant, sie informiert über Verspätungen, annullierte Flüge und neue Flugzeiten. (iOS)

Produktiv arbeiten

Schnell die E-Mail-Anfrage diktieren, eine Tabelle prüfen oder den Brief vom Finanzamt archivieren – ein Smartphone bietet mehr Bürofunktionen, als mancher denkt. Vieles, was früher nur am Desktop-PC möglich war, lässt sich heute mit den richtigen Apps ganz einfach am Smartphone erledigen.

Ihr Smartphone als Bürohilfe

📍 **Die meisten Anwender** nutzen ihr Smartphone als Surf- und Kommunikationsgerät. Es kann aber noch weitaus mehr: Dank erstklassiger Kamera, leistungsfähiger Spracherkennung und immer besserer Apps kann es viele Büroaufgaben erfüllen, für die Sie früher einen PC oder Multifunktionsdrucker benutzt hätten. Dabei ist es oft sinnvoll, nicht einfach die Mobilversion der alten PC-Programme zu verwenden, sondern spezielle mobile Apps.

Ein Smartphone hat andere Stärken als ein Desktop-PC

Im Vergleich zu einer klassischen Textverarbeitung wie Word ist etwa die intelligente Notizbuch-App Evernote besser auf Mobilgeräte zugeschnitten. Bei der Verwaltung großer E-Mail-Mengen am Mini-Bildschirm hilft eine moderne E-Mail-Software wie Spark, und Dokumente, die Sie früher per Fax oder Scanner traktiert hätten, können Sie mit einer App wie Adobe Scan bequem abfotografieren und archivieren. Dank immer größerer Bildschirme und schneller Webspeicher lassen sich aber auch Excel- oder Word-Dateien am Smartphone verwalten. Dazu reicht das schlanke Office-Paket von Google. Immer wichtiger werden außerdem Videokonferenzlösungen wie beispielsweise Teams und Jitsi.

Spark: E-Mails effizient verwalten

Die gute alte E-Mail ist für viele noch immer eine wichtige Kommunikationsform, Messenger-Apps und Social Media zum Trotz. Gerade in der Geschäftskommunikation ist das E-Mail-Aufkommen oft immens. Ein gutes E-Mail-Programm fürs Smartphone wie Spark ist da eine große Hilfe. Für Unternehmen gibt es eine kostenpflichtige Version, doch für Privatpersonen oder Selbstständige ist die kostenlose Basisversion völlig ausreichend. Deren Beschränkungen betreffen vor allem Funktionen für große Arbeitsgruppen. Bereits die kostenlose Version bietet viele nützliche Zeitsparfunktionen. Dazu gehört zum Beispiel der zeitgesteuerte Versand von E-Mails.

Die Smart-Inbox

Empfangen Sie viele E-Mails? Dann ist die Smart-Inbox hilfreich, die Nachrichten vorsortiert und in Gruppen aufteilt. Die wichtigen E-Mails von „echten" Personen zeigt Spark ganz oben im Postfach an. Newsletter fasst das Tool unter einer eigenen Rubrik zusammen, Info-Nachrichten von Webdiensten wie Facebook ebenso. Besonders praktisch: Haben Sie erkannt, dass es sich bei den neuen Nachrichten um unwichtige E-Mails handelt, können Sie alle mit dem Antippen des *Häkchen*-Symbols auf einen Rutsch als gelesen markieren.

Funktionen für Teamarbeit

Eine Besonderheit von Spark ist die Teamarbeitsfunktion. So können Sie gemeinsam mit einer anderen Person eine E-Mail verfassen – und das live. Das kann sinnvoll sein, wenn Sie eine wichtige Nachricht erstellen und diese mit Kollegen absprechen müssen. Außerdem ist eine Chatfunktion integriert, über die Sie mit anderen Teammitgliedern kommunizieren können, ohne das Programm zu wechseln. Für eine Arbeitsgruppe gibt es außerdem einen Cloudspeicher für wichtige Dateien. Schade: Die Freeware-Version unterstützt nur maximal zwei Teammitglieder.

Kurzüberblick

- Übersichtliche Oberfläche
- Zahlreiche Produktivitätsfunktionen und Teamfunktionen
- Gute kostenlose Version
- Etwas Einarbeitung erforderlich

So nutzen Sie clevere Funktionen beim Verschicken von E-Mails

Beim Erstellen einer neuen E-Mail-Nachricht stehen nützliche Optionen zur Verfügung:

▶ **Zeitgesteuerter Versand:** In der Funktionsleiste sehen Sie ein *Nachrichtensymbol mit Uhr*. Hier können Sie vorgeben, wann die E-Mail abgeschickt werden soll, beispielsweise um 9.00 Uhr am nächsten Morgen oder zu einem bestimmten Datum. Haben Sie etwa freitagabends ein Aufgabenliste für einen Kollegen erstellt, können Sie es so einstellen, dass er diese erst am Montag erhält, damit sein Wochenende nicht gestört wird.

▶ **Erinnerungsfunktion:** Beim Versand einer E-Mail können Sie außerdem eine Erinnerungsfunktion aktivieren. Kam auf Ihre E-Mail auch nach einer Woche noch keine Antwort, werden Sie an diese E-Mail erinnert und können der Sache nachgehen.

Alternative

→ **Outlook**

Auf dem Desktop ist Outlook von Microsoft sehr beliebt und in vielen Unternehmen kaum ersetzbar, da es Zugriff auf den Firmenkalender und andere Daten bietet. Auch auf dem Smartphone lässt sich Outlook gut nutzen, bietet für Privatanwender aber kaum Vorteile. (Android / iOS)

Google Docs: Kostenloses Cloud-Office

An Microsoft Office führt kein Weg vorbei, könnte man meinen. Das stimmt aber nicht ganz. Denn die zahllosen Funktionen von Apps wie Excel werden oft gar nicht genutzt, das Programm wird dadurch nur unnötig überladen. Bei den drei Google-Apps sehen Sie beim Öffnen dagegen eine vermeintlich simple Textverarbeitung, eine schlichte Tabelle und ein einfaches Präsentationsprogramm.

Einfach, aber oft vollkommen ausreichend

Unterschätzen Sie das Programmpaket nicht, denn unter der Oberfläche bietet es zahlreiche Funktionen. So beherrscht die unscheinbare Textverarbeitung alle Funktionen, die ein Student für eine wissenschaftliche Abschlussarbeit braucht, und die Tabellenkalkulation kennt kaum weniger Formeln als Excel. Das Präsentationsprogramm wirkt vielleicht, als wäre es PowerPoint hoffnungslos unterlegen. Es erfüllt aber seine Aufgabe und ist sehr einfach bedienbar.

Vorteile der Cloud nutzen

Die große Stärke des Cloudkonzepts: Sie können die Dokumente problemlos an mehreren Geräten und gemeinsam mit anderen bearbeiten – egal ob per Smartphone-App, Linux-Browser oder MacBook. Bei herkömmlichen Programmen wie Word kommt es beim Abgleich von Dokumentversionen schnell zum Chaos, dank Cloudkonzept ist dies fast ausgeschlossen. Sie können die Dokumente aber auch offline bearbeiten, da sie auf dem Smartphone zwischengespeichert werden. Der Datenaustausch mit der Außenwelt ist einfach, Sie können das fertige Dokument als Word- oder Excel-Datei oder auch als PDF ausgeben.

So geben Sie ein Dokument für andere frei

Viele Anwender nutzen eine Google-Tabelle für die Verwaltung von gemeinsam genutzten Ressourcen, etwa den Spielplan der Tennis-Anlage oder die Belegung des Band-Raums. Damit andere auf ein solches Dokument zugreifen können, müssen Sie es für sie freigeben:

❶ Tippen Sie dazu auf das kleine *Personen*-Symbol, dann öffnet sich ein neues Fenster.

❷ Geben Sie hier die E-Mail-Adresse der Person ein, Adressen aus dem Adressbuch werden automatisch vervollständigt.

❸ Dem Eingeladenen wird eine E-Mail mit einem Link zur Datei zugeschickt.

Zusätzliche Option: Wenn Sie auf den Eintrag *Bearbeiter*, der unter dem Namen steht, klicken, können Sie alternativ *Kommentator* oder *Betrachter* auswählen. Der Eingeladene kann das Dokument dann nur kommentieren oder nur betrachten.

Kurzüberblick

- Ausgereifte Oberfläche
- Zahlreiche Produktivitätsfunktionen und Teamfunktionen
- Kostenlos
- Daten liegen auf US-Servern
- Probleme bei Import großer oder sehr komplexer Office-Dateien
- Präsentationsprogramm mit begrenztem Funktionsumfang

Alternative

→ **Office 365**

Das Programmpaket Office 365 ist mittlerweile gut ans Smartphone angepasst und bietet einen erstklassigen Funktionsumfang. Das Alleinstellungsmerkmal ist die gute Zusammenarbeit mit den Desktop-Versionen und die native Unterstützung der Office-Dateiformate. Bearbeiten Sie ein Office-Dokument mit Google Docs, kann dies schon einmal zu Änderungen bei der Formatierung oder Problemen mit Formeln führen, bei Office 365 gibt es hier keine Schwierigkeiten. (Android / iOS)

IFTTT: Routineaufgaben automatisieren

Wenn Sie sich Ihren Alltag erleichtern und Zeit sparen wollen, könnte die Automatisierung von Arbeitsabläufen die Lösung sein. Überraschend viel Zeit geht nämlich bei wiederkehrenden Tätigkeiten verloren: beim Hochladen eines Fotos auf mehrere Webdienste, beim Versenden von Dokumenten oder der Recherche auf Twitter, Facebook und Instagram. Programmierer schreiben sich für die Erledigung solcher Routineaufgaben kleine Skripte oder sogenannte Makros, für Nichtprogrammierer gibt es Alternativen wie IFTTT.

Das Prinzip: Wenn …, dann …

Die Software ist eine Art Sammelbecken an vorgefertigten Automatisierungen, die hier „Applets" genannt werden. Ein solches Applet verknüpft beispielsweise einen Webdienst wie Twitter oder Facebook mit Smartphone-Funktionen oder auch Heimgeräten. Wie der vollständige Name von IFTTT („If This Then That") verrät, besteht es immer aus mindestens einem „Auslöser" und einer Aktion. Das kann zum Beispiel bedeuten, dass ein Skript Twitter stündlich nach einem für Sie wichtigen Begriff durchsucht. Findet es ein Suchergebnis, löst dies eine Aktion aus – etwa eine Push-Nachricht an Sie. Veröffentlichen Sie ein Foto auf Instagram, kann dies wiederum der Auslöser für ein Applet sein, das das Foto auch auf Ihrem Twitter- und Facebook-Feed postet. Eine weitere Aufgabe von IFTTT ist die Steuerung von Heimautomatisierungsgeräten wie Alexa und intelligenter Heimelektronik. Wenn Sie diese Technologien verwenden, können Sie per Applet etwa beim Verlassen der Wohnung alle Lampen ausschalten lassen oder andere Standardaktionen „triggern".

Keine Skriptkenntnisse erforderlich

IFTTT macht mit einer Fülle an vorgefertigten Automatisierungen sehr vieles möglich. Diese müssen Sie oft nur auswählen – Skriptkenntnisse sind nicht erforderlich. So finden Sie zum Beispiel schon eine ganze Reihe Applets zum Suchbegriff „Twitter". Erfahrene Anwender können aber auch komplett neue Applets erstellen. Hinweis: Für Applets, die auf Dienste wie Twitter zugreifen, brauchen Sie einen Account bei diesem Dienst.

So erstellen Sie eine Twitter-Automatisierung

Angenommen, Sie wollen immer dann eine Nachricht erhalten, wenn ein Tweet mit #München erscheint:

1. Tippen Sie auf den Button *Create*. Sie müssen jetzt einen Dienst und einen Trigger festlegen.
2. Wählen Sie den Dienst *Twitter* aus.
3. Als Auslöser können Sie nun aus mehreren Optionen wählen. Tippen Sie auf *New tweet from search*. Sie können nun eine Twitter-Suche definieren – etwa nach dem Hashtag #München.
4. Als Nächstes müssen Sie eine Aktion auswählen, etwa Systemnachricht. Tippen Sie auf *Notifications*.
5. Sie müssen nur noch eine von zwei Arten der Systemnachricht auswählen, dann ist Ihr Applet fertig.

Kurzüberblick

- Zahlreiche vorgefertigte Automatisierungen
- Einfacher Datenabgleich zwischen Geräten oder mit anderen Personen
- Kostenlos
- Englischsprachig
- Etwas Einarbeitung erforderlich
- Vor allem auf US-Dienste oder Medien wie NYT zugeschnitten

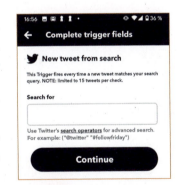

Alternative

→ **Power Automate**

Die Weiterentwicklung von Microsoft Flow ähnelt dem Konzept von IFTTT. Nach Installation der App können Sie Dienste wie Twitter mit Apps verbinden und Aufgaben automatisieren. Im Unterschied zu IFTTT ist die App aber eher für berufliche Anwender gedacht. (Android/iOS)

Evernote: Der Klassiker für Notizen

Evernote ist nicht ohne Grund eine der bekanntesten Notizen-Apps. Das Tool ist eine ebenso effiziente wie einfach bedienbare Software, mit der Sie Texte, Audio- und auch Fotonotizen erstellen und verwalten können.

Komfortable Oberfläche und Onlinedatenbank

Evernote hat zwei große Stärken: eine komfortable Oberfläche und eine Onlinedatenbank mit erstklassigen Verwaltungsfunktionen, die sehr zuverlässig und schnell arbeitet. Letzteres wird wichtig, wenn Sie mit der App Hunderte oder gar Tausende Notizen verwalten wollen, die sich über Jahre angesammelt haben. Übersicht ist hier etwa durch die Unterstützung von Schlagwörtern möglich. Sie können auch einzelne Notizbücher anlegen oder die integrierte Suchfunktion nutzen. Eine wichtige Notiz können Sie auf den Startbildschirm platzieren oder sich zu einem bestimmten Termin an die Notiz erinnern lassen.

Automatisches Einsortieren von Fotos

Die Kamerafunktion ähnelt Tools wie Adobe Scan (S. 88): Auf Wunsch versucht sie automatisch, die Art des Fotos zu erkennen, um zu entscheiden, ob eine Visitenkarte, ein Dokument, eine Haftzettel-Notiz oder einfach ein Foto erstellt werden soll. Fans der Moleskine-Notizbücher profitieren von einer Spezialfunktion: Anhand sogenannter Smart Sticker eines Notizbuchs erkennt die App, ob eine Notiz zu Kategorien wie *Zuhause* oder *Aufgaben* gehört, und sortiert sie automatisch dort ein.

Mehr Platz in der kostenpflichtigen Version

Weniger ansprechend ist die Preispolitik des Herstellers. Es gibt eine kostenlos nutzbare Basic-Version und eine recht teure Abo-Version, die 60 Euro im Jahr kostet, selbst Studenten zahlen noch 30 Euro. Einige interessante Zusatzfunktionen bleiben der kostenpflichtigen Version vorbehalten, etwa dass automatisch der Standort zu einer Notiz ergänzt wird. Außerdem ist das Onlinevolumen in der kostenlosen Version auf maximal 60 MB pro Monat beschränkt. Das ist zwar genug Speicherplatz für Hunderte Textnotizen und ein paar Fotos oder Audiodateien, für ein Foto-Tagebuch oder Videos aber viel zu wenig.

Kurzüberblick

- Ausgereifte Oberfläche
- Schnelle Erstellung von Notizen
- Internetverbindung erforderlich
- Kostenlose Version mit zahlreichen Einschränkungen

So erstellen Sie eine neue Notiz

Mit dem langen Antippen des App-Symbols öffnen Sie eine Notiz im Schnellmodus und können sofort mit der Eingabe beginnen. Das Tool bietet aber noch mehr: Nach dem Öffnen der App stehen über ein *Plus*-Symbol mehrere Notizenarten zur Wahl. Eine *Textnotiz* ist vorausgewählt, über ein Einblendmenü können Sie alternativ eine *Audio*-Notiz erstellen oder einen *Anhang* wie ein Foto oder PDF ergänzen. Weitere Optionen sind unter Android eine Notiz in *Handschrift* oder ein Foto, das Sie mit der *Kamera* aufnehmen.

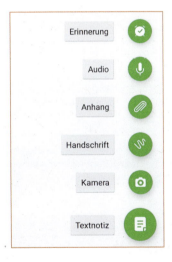

Alternative

→ **One Note**

Die Notizensoftware von Microsoft ist kostenlos und bietet einen guten Funktionsumfang. Die Versionen für iOS und Android können allerdings nicht ganz mit der Desktop-Version mithalten und Sie benötigen ein Konto bei Microsoft. (Android / iOS)

Adobe Scan: Dokumente abfotografieren und verwalten

Wer braucht noch einen Scanner, wenn man Geschäftsbriefe oder interessante Zeitungsartikel ganz einfach mit dem Smartphone abfotografieren kann? Dafür gibt es allerdings bessere Apps als die vorinstallierten Kamera-App, empfehlenswert ist etwa Adobe Scan. Für die Nutzung müssen Sie sich bei Adobe für Adobe Cloud anmelden. Das ist lästig, die kostenlose Registrierung lohnt sich aber.

Einfach und platzsparend als PDF speichern

Die App macht das Smartphone nicht nur zu einem vollwertigen Dokumentenscanner, sie hilft auch beim Archivieren und Verwalten dieser Aufnahmen. Gespeichert werden die Fotos im platzsparenden Standardformat PDF. Bei der Freeware-Version müssen Sie zwar auf einige Funktionen wie den Export als Word-Dokument verzichten, für Privatanwender ist die kostenlose Version aber völlig ausreichend. Immerhin 2 GB an Web-Speicherplatz stehen für die Aufbewahrung der PDFs zur Verfügung – das genügt für Hunderte Dokumente und Visitenkarten.

Besonderheit: Automatische Texterfassung

Die Fotos werden nicht nur ins PDF-Format umgewandelt, der Text des abfotografierten Dokuments wird auch automatisch erfasst und kann per Copy and Paste exportiert werden. Auch eine Suche in den Dokumenten, etwa nach einem bestimmten Brief oder Zeitungsartikel, ist möglich dank einer sogenannten OCR-Funktion. Die PDFs werden dazu auf den Servern von Adobe analysiert und der abfotografierte Text wird in editierbaren Text umgewandelt – schneller und zuverlässiger, als es auf dem Smartphone möglich wäre.

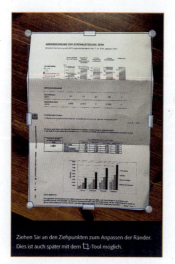

Ziehen Sie an den Ziehpunkten zum Anpassen der Ränder. Dies ist auch später mit dem ⌐-Tool möglich.

Praktische Ausfülloptionen

Was ebenfalls nur wenige Apps bieten: Man kann ein eingescanntes Dokument sogar ausfüllen, etwa ein Formular für eine Veranstaltung. Nach dem Abfotografieren bietet das Tool Funktionen für die Texteingabe, das Setzen von Häkchen oder das Einfügen einer händischen Unterschrift. Zugegeben, das Ausfüllen ist an einem kleinen Smartphone-Bildschirm recht fummelig.

So scannen Sie einen Brief

Legen Sie das Dokument auf eine gerade Oberfläche, achten Sie auf gute Beleuchtung. Öffnen Sie nun die App und richten Sie die Kamera auf das Dokument – am besten gerade von oben, mit etwa 20 cm Abstand. Über eine kleine Leiste unter dem Kamerabild können Sie die Dokumentart vorgeben, zum Beispiel *Formular* oder *Visitenkarte*. Die App erkennt automatisch, wo die Ränder eines Dokumentes sind, und entfernt den Rest des Bildes. Den Auslöser müssen Sie ebenfalls nicht drücken, das übernimmt das Tool automatisch. Der oder die Scans öffnen sich nach der Aufnahme in einer Bearbeitungsansicht, hier können Sie noch die Bildqualität oder den Ausschnitt anpassen. Mit dem Befehl *Als PDF speichern* wird das Dokument in eine PDF-Datei umgewandelt und landet in Ihrem Cloud-Speicher.

> **Kurzüberblick**
> - Einfache Bedienung
> - Gute Texterkennung
> - Umwandlung in editierbaren Text
> - Auf 2 GB Speicher begrenzt
> - Export als Word-Dokument nur in der Bezahlversion
> - Anmeldung bei Adobe Cloud erforderlich

Alternative

→ **Office Lens**

Office Lens von Microsoft bietet fast die gleichen Funktionen wie Adobe Scan. Scans können allerdings automatisch nicht nur in PDF-, sondern auch in Word- und PowerPoint-Dateien konvertiert werden. (Android / iOS)

Jitsi: Kostenlose Videochats ohne Anmeldung

Durch die Coronakrise sind Videochatprogramme allgemein bekannt geworden. Eines davon ist Jitsi, eine komplett kostenlos nutzbare Videochatsoftware vor einer freien Entwicklergemeinde. Mit kommerziellen Lösungen wie Teams kann die komfortable und sehr zuverlässige App gut mithalten: In einem Vergleichstest der Stiftung Warentest mit zwölf Videochatprogrammen belegte Jitsi nach Teams (S. 92) den zweiten Platz und schnitt fast ebenso gut ab (www.test.de/ Videochat-Programme-im-Test-5605104-0/).

Einfach Konferenzraum eröffnen und loschatten

Der Vorteil der App: Sie ist ohne Registrierung nutzbar – statt über Accounts oder Telefonnummern organisiert Jitsi Gespräche über sogenannte Konferenzräume. Sie legen vor einem Videochat einen

Konferenzraum an, der einen eigenen Namen tragen muss. Über diesen Namen wird er identifiziert und kann von anderen Nutzern besucht werden. Sie können den Raum selbst benennen oder Namen wie „FailStemedBelow" durch die App erstellen lassen. Der Zugang ist völlig frei, bei Bedarf können Sie Ihren Konferenzraum aber durch ein Passwort schützen. Wollen Sie sich mit einer anderen Person verbinden, schicken Sie ihr per *Person einladen* einen Link zum Konferenzraum. Die Anzahl der Teilnehmer ist auf 75 begrenzt, empfehlenswert sind aber eher maximal 35. Auch eine Chat-Funktion ist integriert.

Videochat im Browser-Fenster möglich

Bei einem aktuellen Desktop oder Notebook ist keine Installation eines Clients notwendig, Sie können den

Videochat sofort in einem Browser-Fenster starten. Alternativ kann ein Anwender sich sogar über ein herkömmliches Telefon in ein Meeting einwählen, die Einwahl funktioniert dann über eine internationale Einwahlnummer und PIN. Und noch ein Tipp für Profis: Firmen oder Schulen können einen eigenen Jitsi-Server einrichten und so ihre Konferenzen auf ein internes Netz begrenzen.

So nutzen Sie die Funktionen im Videochat

Das Videochatfenster bietet die üblichen Bedienfunktionen: Über ein *Kamera*-Symbol können Sie die Kamera ausblenden, per *Mikrofon*-Symbol Ihr Mikrofon ausschalten. Nützlich bei größeren Konferenzen oder Vorträgen: Es gibt eine *Melden*-Funktion. Mit dem Tippen dieses Buttons signalisieren Sie den anderen Teilnehmern, dass Sie etwas sagen wollen. Weitere Funktionen rufen Sie über einen Button mit drei Punkten auf. So können Sie über YouTube *Einen Livestream starten*, die Ansicht ändern oder die *Kamera wechseln*, das heißt von der Front- auf die Hauptkamera umschalten. Die Freigabe des Bildschirms ist leider bisher nur am Desktop möglich, nicht am Smartphone.

Kurzüberblick

- Einfache Bedienung
- Hoher Funktionsumfang
- Kostenlos nutzbar
- Keine Anmeldung erforderlich, Schutz der Privatsphäre
- Am Desktop per Browser nutzbar
- Freigabe des Bildschirms nur am Desktop möglich

🔊	Audiogerät auswählen
👤	Person einladen
👁	Modus „Nur Audio" aktivieren
✋	Melden
📷	Kamera wechseln
▦	Kachelansicht einschalten
●	Aufnahme starten
🌐	Einen Livestream starten

Alternative

→ **Zoom**

Die sehr beliebte Videochatlösung Zoom ist einfach bedienbar und sehr leistungsfähig. Für Einsteiger und Privatanwender ist sie gut geeignet. Der Nachteil: Sie hat beim Thema Datenschutz Mängel und es gab immer wieder Sicherheitslücken. Firmen und Anwender, die viel Wert auf Datenschutz legen, sollten lieber zu anderen Lösungen greifen. (Android / iOS)

Teams: Videochats mit Profi-Funktionen

Testsieger bei der Stiftung Warentest war das Videochatprogramm Teams von Microsoft. Teams hat sich in den letzten Jahren stark verbreitet und wird vor allem von Firmen und Bildungseinrichtungen intensiv genutzt. Der Vorteil gegenüber Lösungen wie Apples iChat ist die plattformunabhängige Einsatzmöglichkeit.

Beliebtes Tool für Videochats

Eigentlich ist Teams für Firmenanwender gedacht und Bestandteil des Pakets Microsoft 365. Doch Microsoft stellt eine abgespeckte Version kostenlos bereit. Die Chance, dass jemand Sie in nächster Zeit zu einer Teams-Sitzung einlädt, ist daher hoch. Wenn Sie selbst ein Gespräch beginnen wollen, verschicken Sie an den Gesprächspartner eine Einladung. Dieser erhält dann eine E-Mail mit einem Link, über den er sich mit Ihrem Account verbinden kann.

Funktionen für virtuelle Teamarbeit

Das über die Server von Microsoft koordinierte Tool bietet Arbeitsgruppen jedoch mehr als nur Videochats, es unterstützt generell die virtuelle Zusammenarbeit. Sie können es beispielsweise auch für reine Audiokonversationen mit Einzelnen oder ganzen Gruppen nutzen – wie ein Telefon mit Konferenzschaltung. Für den Austausch von Dateien bietet es weitere Funktionen wie einen gemeinsam nutzbaren Onlinespeicher – in der kostenlosen Version immerhin 2 GB Speicherplatz pro Person. Sie können in Teams auch gemeinsam Office-Dokumente bearbeiten und Anwendungen wie das im Buch vorgestellte Evernote (S. 86) und Hunderte andere Tools gemeinsam verwenden.

So nutzen Sie die Oberfläche von Teams

Bei Teams beginnen Sie wahlweise ein Gespräch mit einer einzelnen Person oder einer ganzen Gruppe. Für ein Gespräch mit einer Person tippen Sie in der Fußleiste auf *Anrufe*. Hier können Sie nun alte Gespräche aufrufen oder über das Telefonsymbol einen Teams-Nutzer „anrufen". Nutzt jemand die Smartphone-App von Teams, wird er daraufhin wie bei einem Telefonanruf informiert. Während des Gesprächs sehen Sie fünf eingeblendete Buttons:

▶ **Kamera:** Über das Kamerasymbol können Sie das Videobild ausblenden.
▶ **Mikrofon:** Mit dem Antippen des Mikrofonsymbols können Sie Ihr Mikrofon stumm schalten.
▶ **Lautsprecher:** Mit dem Lautsprechersymbol wählen Sie das Audio-Ausgabegerät aus.
▶ **Drei kleine Punkte:** Hier rufen Sie fünf weitere Optionen wie das Durchstellen des Anrufs auf. Über die Option *Teilen* versenden Sie während des Gesprächs Fotos oder Videos oder geben den Bildschirm frei, sodass der Gesprächspartner Ihren Smartphone-Bildschirm sieht.
▶ **Telefon:** Über das Telefon-Symbol können Sie das Gespräch beenden.

Kurzüberblick

- Grundfunktionen auch für Einsteiger gut nutzbar
- Hoher Funktionsumfang
- Anmeldung bei Microsoft erforderlich
- Kostenlos nutzbar
- Fortgeschrittene Funktionen nur in der Bezahlversion
- Auf Firmenanwender zugeschnitten

Alternative

→ **FaceTime**

Unter iOS ist mit FaceTime eine erstklassige Videochatlösung von Apple vorinstalliert. Die Funktionalität ähnelt Teams und Jitsi, die Bedienung ist sehr komfortabel. Der Nachteil: Die Software läuft nur auf Apple-Geräten, Sie können also weder mit Windows- noch mit Android-Nutzern kommunizieren. (iOS)

Smartphone konfigurieren

Damit Ihr Smartphone über Jahre ohne Probleme funktioniert und volle Leistung bringt, sollten Sie es regelmäßig warten und überprüfen. Vor allem den Akku und den Speicherplatz sollten Sie im Blick behalten. Es gibt spezialisierte Apps, die diese Aufgaben für Sie übernehmen und Ihnen verraten, wie es um Ihr Smartphone steht.

Ihr Smartphone in Schuss halten

📍 **Bei der Auswahl der Apps** für dieses Buch haben wir darauf geachtet, dass sie sowohl unter iOS als auch unter Android funktionieren und sich auch für Einsteiger eignen. In diesem Kapitel müssen wir allerdings einige Ausnahmen machen: Bei Tools, die auf das System des Smartphones zugreifen, ist nämlich nur selten eine Nutzung auf beiden Systemen möglich, einige setzen zudem technische Grundkenntnisse voraus.

Unterschiede zwischen iOS und Android

Die technischen Unterschiede zwischen iOS und Android sind groß, meist spezialisieren sich die Programmierer eines Wartungstools deshalb auf eines der Systeme. So gibt es von der App Google Files, die auf das Aufräumen eines Android-Systems ausgerichtet ist, keine iOS-Version, und sie wäre auch gar nicht nötig, da unter iOS Aufräumfunktionen bereits integriert sind. Ähnliches gilt für das Tool Accu Battery, das es nur für Android gibt. Kleine Unterschiede gibt es auch bei der Fernwartung eines Smartphones und der Nutzung von Werbeblockern. Problemlos auf beiden Plattformen laufen hingegen das Performance-Tool Geekbench, mit dem Sie die Leistung Ihres Smartphones messen, und das Netzwerk-Tool Fing.

Google Files: Speicherplatz sparen und Dateien verwalten

Mehr und mehr Dokumente, Fotos, Videos und Apps sammeln sich im Laufe der Zeit auf dem Smartphone an. Ist kaum noch Speicherplatz verfügbar, wird das Gerät langsamer und ist irgendwann kaum noch benutzbar. Das Löschen von Daten hilft sofort, ratsam ist das rechtzeitige Ausmisten. Für diese Aufgabe gibt es zahllose Tuning- und Aufräumtools im Google Play Store, bei der Auswahl sollten Sie aber äußerst vorsichtig sein. Viele Tools sind teuer, bieten jedoch nur sinnlose und oft sogar riskante Funktionen. Eine zuverlässige und sichere Lösung stammt vom Android-Entwickler Google selbst und ist kostenlos: Google Files. Die nur für Android verfügbare Multifunktions-App ist zugleich Aufräumwerkzeug und Dateiverwalter.

Speicherplatz freimachen

Nach dem Start bietet das Tool drei Funktionen: *Bereinigen*, *Suchen* und *Teilen*. Starten Sie die erste Funktion, zeigt eine Grafik, wie viel

freier Platz noch auf dem Smartphone verfügbar ist, und bietet Ihnen mehrere Werkzeuge für das Löschen von Daten an. Das erste entfernt sogenannte *Junk-Dateien*, das sind zwischengespeicherte Daten, etwa YouTube-Videos. Sie können diese Daten sofort löschen oder sie sich zuerst auflisten lassen. Eine weitere Aufräumroutine listet *Doppelte Dateien* auf, die nächste zeigt, wie viele alte *Bildschirmfotos* den Speicher zumüllen, und auch der Füllzustand des Download-Ordners ist aufgeführt. Eine weitere Möglichkeit ist das Hochladen von Fotos auf Google Photos. Einfach, aber effektiv ist die Anzeige der größten Dateien, oft einzelne Videodateien oder PDFs. Besonders viel Speicherplatz belegen auch alte, ungenutzte Apps. Files führt deshalb Apps auf, die Sie seit einem Monat nicht mehr benutzt haben, und bietet die Deinstallation an.

Dateien verwalten

Sehr nützlich ist Files in seiner Zweitfunktion als Dateiverwalter, der Ihnen unter *Suchen* zur Verfügung steht. Die App filtert Dateien nach Dateiart und listet in einer Übersicht *Downloads*, *Bilder*, *Videos*, *Audio*, *Dokumente und mehr* sowie *Apps* auf. Mediendateien lassen sich meist direkt öffnen, das Tool wird dadurch zugleich zum Medienplayer. Wahlweise können Sie auch auf die Ordnerstruktur selbst zugreifen – unter Android eher unüblich – oder eine gute Suchfunktion verwenden.

So tauschen Sie Daten aus

Es gibt auch eine Spezialfunktion für den Datenaustausch zwischen zwei Android-Smartphones: Öffnen Sie auf beiden Geräten die App und wählen Sie die Funktion *Teilen*. Das Gerät, das die Datei senden soll, wählt nun *Senden*, das empfangende Gerät dagegen *Annehmen*. Die Transfergeschwindigkeit ist hoch, Sie können auch größere Dateien schnell übertragen.

Kurzüberblick

- Automatische Suche nach Platzfressern
- Macht Vorschläge, was gelöscht werden kann
- Gute Dateiverwaltungsfunktionen
- Google Drive als Cloud-Dienst vorgegeben, keine Alternativen
- Keine iOS-Version
- „Teilen" funktioniert nur zwischen Android-Geräten

Alternative

→ **Good Reader**

Funktionen für das Aufräumen und die Dateiverwaltung sind unter iOS in das System integriert, bei der Verwaltung großer Datenmengen kann aber der Good Reader eine große Hilfe sein. Das Tool unterstützt viele Medienarten, eine Stärke ist die Verwaltung und Markierung von PDF-Dateien. Verbindung mit zahlreichen Cloud-Diensten und Servern ist möglich, die verwalteten Daten schützt die App per Verschlüsselung. (iOS)

TeamViewer: Rechner und Smartphones fernsteuern

Kaum ein Support-Mitarbeiter kommt heute noch persönlich vorbei. Stattdessen verbindet er sich mit einer Fernsteuerungssoftware mit Ihrem Gerät, um Ihren Bildschirm zu sehen und auf das System zuzugreifen – mittlerweile ist das auch am Smartphone möglich. Dazu gibt es gleich zwei Versionen der Software TeamViewer:

▶ **TeamViewer für Fernsteuerung:** App für den Zugriff vom Smartphone auf einen Rechner.
▶ **TeamViewer QuickSupport:** App für den Zugriff von einem Desktop-PC auf ein Smartphone.

Fernzugriff aufs Smartphone

Um per Computer auf ein Smartphone zuzugreifen, muss auf dem Smartphone die App QuickSupport gestartet werden, auf dem Computer eine Version von TeamViewer. Die Smartphone-App zeigt eine ID-Nummer an, die der Desktop-Nutzer in TeamViewer eingibt, und die Apps verbinden sich. Bei den meisten Smartphone-Modellen kann der Nutzer am Desktop nur den Smartphone-Bildschirm sehen, aber keine Aktionen durchführen. Der Fernzugriff ist trotzdem nützlich, um Bedienprobleme zu lösen. Der Smartphone-Nutzer kann dabei mit dem Desktop-Nutzer sprechen und unter Android zusätzlich einen Text-Chat führen.

Fernzugriff auf den Rechner

Sehr praktisch und ausgereift ist die Möglichkeit, per Smartphone-App auf einen PC oder einen Mac zuzugreifen. Die Software TeamViewer muss dazu auf dem Desktop laufen. Nützlich ist die App, wenn Sie ein Computerproblem eines Bekannten lösen oder schnell aus der Ferne etwas erledigen wollen – vielleicht auf eine Datei zugreifen. Theoretisch könnten Sie auf dem Desktop sogar arbeiten, aber das ist vom Smartphone aus auf Dauer doch recht unkomfortabel. Das Unternehmen erlaubt Privatanwendern die kostenlose Nutzung seiner Software, es achtet jedoch streng darauf, dass Sie das Tool nicht kommerziell verwenden und etwa auf zu viele unterschiedliche Rechner zugreifen.

Kurzüberblick

- Verbindungsaufbau über Eingabe eines Codes möglich
- Für Privatanwender kostenlos
- Zugriff auf Smartphone-Bildschirm möglich
- Keine Fernsteuerung eines Smartphones möglich

So greifen Sie per Smartphone auf einen Rechner zu

Auf dem Startbildschirm der Desktop-App sind eine ID und ein Passwort zu sehen. Beide geben Sie auf der Smartphone-App ein. Einen Moment später haben Sie den Bildschirm des PCs vor sich und können alle Funktionen per Touchscreen und Bildschirmtastatur nutzen. Die Darstellung auf dem Smartphone ist sehr klein, da die Bildschirmauflösung eines Desktops weit höher ist. Mit dem Zusammenziehen oder Spreizen Ihrer Finger können Sie die Größe ändern. Sie haben bei einer Vergrößerung der Ansicht nur einen Teil des Computerbildschirms vor sich – eine Art Lupenfunktion. Über ein Ausklappmenü können Sie weitere Funktionen aufrufen, etwa eine Maus simulieren.

Alternative

→ **Microsoft Remote Desktop**

Wollen Sie nur von einem Smartphone auf Ihren PC zugreifen, gibt es zahlreiche kostenlose Lösungen. Um auf Windows-Rechner zuzugreifen, bietet Microsoft die App Remote Desktop an. Die Home-Versionen von Windows werden allerdings nicht unterstützt, nur die teureren Versionen. (Android / iOS)

Adblock Plus: Werbung unterdrücken und schneller surfen

Werbung ist für Internetseiten wie Spiegel.de und Welt.de sehr wichtig, finanzieren sich doch viele Magazine über Werbeeinnahmen. Für die Nutzung eines Werbeblockers gibt es allerdings ebenfalls gute Gründe, gerade auf einem Smartphone: Die vielen Werbeanzeigen stören, animierte Werbebanner verdecken große Teile des Bildschirms und müssen oft einzeln weggeklickt werden. Zusätzlich werden beim sogenannten Tracking in großem Umfang Daten über die Seitenbesucher gesammelt, was aus Datenschutzgründen bedenklich ist. Nicht zuletzt verbrauchen die bunten Werbeanzeigen viel Datenvolumen und belasten den Akku. Mit Werbeblockern wie Adblock Plus können Sie das vermeiden.

Werbeblocker für iOS

Adblock Plus von Eyeo ist wohl der bekannteste Werbeblocker, üblicherweise installieren Sie ihn am Desktop und unter iOS als Browser-Erweiterung. Unter iOS ist dies problemlos möglich, Sie installieren Adblock Plus über den App Store und können ihn in Safari unter der Einstellung als Erweiterung auswählen – unter *Inhaltsblocker*. Safari greift dann direkt auf die App Adblock zu und kann sie zum Blocken der Werbung verwenden.

Eigener Browser für Android

Anders unter Android, der Standardbrowser Chrome unterstützt nämlich keine Erweiterungen. Hier können Sie stattdessen den von Eyeo eigens programmierten Adblock-Browser nutzen, einen eigenständigen Browser mit gutem Funktionsumfang.

Wenn Adblocker zum Problem werden

Das Blocken der Werbung basiert auf einem simplen Prinzip: Die Tools nutzen Listen von Servern von Werbeanbietern, deren Anzeige geblockt wird. Die Seiten laden sich dann ohne Werbung – nebenbei oft deutlich schneller. Für die Betreiber von werbefinanzierten Werbeseiten sind Adblocker allerdings ein großes finanzielles Problem, weshalb Surfer mit Adblockern von manchen Seiten automatisch ausgesperrt werden. Statt komplett auf Adblocker zu verzichten, können Sie aber einzelne Seiten in eine Ausnahmeliste aufnehmen. Diese Seiten lädt der Browser dann mit Werbung.

> **Kurzüberblick**
> - Reduziert Datenvolumen und spart Energie
> - Verhindert Tracking und Betrugsversuche
> - Viele Seiten sind mit Adblocker nicht zugänglich, Ausnahmen sind aber einstellbar

So nehmen Sie Webseiten im Adblock-Browser in die Ausnahmeliste auf

Beim Surfen werden Sie öfter auf den Hinweis stoßen, dass die jeweilige Internetseite mit Werbeblocker nicht nutzbar ist. Um diese Seite trotzdem nutzen zu können, nehmen Sie sie in eine sogenannte Whitelist auf, eine Ausnahmeliste. Im Adblock-Browser ist dies sehr einfach: Tippen Sie auf das Symbol *ABP* rechts neben der Adressleiste. Sie sehen in einem Ausklappmenü dann die Option *Adblocking anhalten*. Die Seite wird dann sofort neu geladen – nun mit Werbung.

Alternative

→ **Firefox Browser**

Die Mobilversion des beliebten Browsers Firefox kann im Unterschied zu Chrome Adblocker als Erweiterung installieren und so die Anzeige von Werbung unterdrücken. Ein weiterer Vorteil von Firefox ist, dass sich der Browser auf den Schutz vor Tracking spezialisiert hat. (Android / iOS)

Geekbench: Leistung messen und vergleichen

Wie steht es um Ihr Smartphone? Mit der App Geekbench, einem sogenannten Benchmark-Programm, können Sie die Leistung Ihres Smartphones prüfen und messen. Nach der Durchführung eines solchen Tests wird ein Performancewert in Punkten angezeigt – je höher dieses Ergebnis, desto besser.

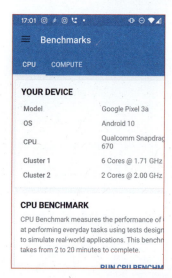

Vergleich mit anderen Modellen

Über eine Datenbank des Herstellers können Sie Ihren Performancewert mit dem anderer Modelle vergleichen. Das ist für alle interessant, die wissen wollen, ob ihr altes Smartphone noch mithalten kann oder ob das neue iPhone oder Galaxy spürbar schneller wäre. Vorteil der App Geekbench gegenüber anderen Benchmark-Apps sind die einfache Bedienung und die große Verbreitung der App. Man benötigt schließlich für den Vergleich möglichst viele Werte von anderen Geräten. Interessant ist auch die Möglichkeit, die Leistung von Android- und iOS-Geräten miteinander zu vergleichen. Die App unterstützt beide Plattformen und sogar Desktop-Rechner.

Was genau wird getestet?

Getestet wird von Geekbench ausschließlich die Rechenleistung, also die Leistung des Prozessors (CPU) und die der Grafikkarte. Die Tests ermitteln Folgendes:

▶ **Test der CPU:** Der *Single-Core Score* ist die Leistung eines einzelnen Prozessorkerns. Aktuelle Smartphones besitzen allerdings mehrere CPU-Kerne. Deren kombinierte Leistung gibt der deutlich höhere *Multi-Core Score* an.

▶ **Test der Grafikleistung (Compute):** Hier führt die App eine Folge an Berechnungen durch, die die Grafikkarte belasten. Dieser Wert ist durchaus wichtig, denn moderne Apps greifen immer öfter auch auf die Grafikkarte zu, etwa bei der Bildbearbeitung.

Zusätzlich liefert die App einige technische Details über das Gerät, etwa welche CPU und welche Grafikkarte verbaut wurde und wie hoch die Bildschirmauflösung ist. Kleine Unterschiede zwischen den Ergebnissen verschiedener Messungen sind übrigens normal.

Kurzüberblick

- Einfache Bedienung, schnelle Durchführung
- Umfangreiche Sammlung anderer Messungen
- Liefert nur wenige Detailinformationen über das Gerät
- Kleine Abweichungen bei einzelnen Messungen möglich

So vergleichen Sie die Messdaten

Starten Sie die App und testen Sie mit *CPU Benchmark* die CPU-Leistung Ihres Smartphones. Das dauert einige Minuten. Bei unserem Pixel 3a misst Geekbench beispielsweise 350 im Single-Core und 1299 im Multi-Core. Um die Werte nun zu vergleichen, tippen Sie auf die drei Punkte oben rechts und wählen Sie die Option *View Online*. Es öffnet sich ein Browser-Fenster, das Ihre Werte anzeigt. Tippen Sie dort auf die drei Linien, es öffnet sich eine Navigationsübersicht. Über die Suchfunktion können Sie nun ein Vergleichsgerät angeben, beispielsweise ein Pixel 4. Es werden nun die Performance-Daten mehrerer Geräte angezeigt.

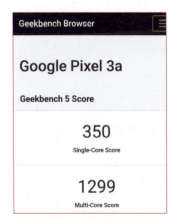

Alternative

→ **3DMark**

Der Test 3DMark ist vor allem bei Spielefans bekannt. Die Mobilversion testet allerdings nicht nur die Grafikkarte, sondern auch die CPU des Geräts. Der Hersteller bietet mehrere Tests, die laufend aktualisiert werden. (Android / iOS)

Fing: Netzwerkprobleme lösen

YouTube macht Probleme und Webseiten laden sich langsam? Das ist nicht ungewöhnlich, eines der häufigsten Probleme im heimischen WLAN-Netz sind Verbindungsabbrüche. Mit der App Fing können Sie Ihr Heimnetz prüfen und nach Fehlerquellen suchen.

Signalstärke prüfen

Informativ ist vor allem die Anzeige der Verbindungsqualität: Nach dem Start der App sehen Sie in einer Übersicht Ihren Router aufgelistet. Achten Sie auf die Anzeige der Signalstärke in Prozent. In der Nähe des Routers sollte sie bei 90 bis 100 Prozent liegen. Prüfen Sie die Leistung an verschiedenen Stellen in Ihrer Wohnung, oft verursachen Wände oder Haushaltsgeräte eine Art „Funkloch".

Geschwindigkeit testen

Die App Fing bietet unter *Geschwindigkeit* einen Test Ihrer Internetverbindung, der nur wenige Sekunden dauert. Er überprüft die Geschwindigkeit beim Herunterladen und beim Hochladen von Daten und die sogenannte Latenz. In einer Liste zeigt Ihnen die App danach, welche Dienste mit diesem Anschluss möglich sind: ob ein 4K-Video abgespielt werden kann oder ein HD-Webcam-Anruf, ein HD-Video und die Übertragung großer Dateien problemlos funktionieren.

Geräte auflisten

Ein weiterer Grund für Verbindungsprobleme kann eine zu große Anzahl von Geräten im Heimnetz sein: Nutzt eine Familie etwa mehrere Streamingdienste, Webcams und dazu noch Internet und YouTube, kann dies ein altes WLAN-Netz oder auch den DSL-Zugang überlasten. Die gerade aktiven Geräte im Heimnetz listen Sie über die Funktion *Nach Geräten suchen* auf. Sie sehen dann alle gerade aktiven Smartphones, Desktops oder Smart-TVs. Die Geräte lassen sich schnell identifizieren: Zu jedem liefert die App Informationen wie Name, IP-Adresse und das Betriebssystem, für weitergehende Informationen verweist sie auf Wikipedia und die Support-Seiten von Herstellern.

So prüfen Sie die Verbindungsqualität

Sie haben Empfangsprobleme bei einem bestimmten Gerät? Dann können Sie einen sogenannten Ping-Test durchführen:

1. Rufen Sie mit der Funktion *Nach Geräten suchen* die Liste der aktiven Geräte auf.
2. Tippen Sie auf das gewünschte Gerät, Fing öffnet nun eine Seite mit mehreren Optionen.
3. Suchen Sie die Rubrik *Dieses Gerät verwalten* und tippen hier auf die Funktion *Ping*.
4. Sofort startet ein Verbindungsversuch zu diesem Gerät und Sie erhalten die Verbindungsqualität angezeigt – ein guter Wert sollte möglichst niedrig sein.
5. Vergleichen Sie die Verbindungsqualität an einem anderen Standort, manchmal genügt schon eine kleine Änderung.

Kurzüberblick

- Gute Übersicht und viele Detailinformationen
- Schnelle Durchführung von Tests möglich
- Wenig Einstellungsmöglichkeiten bei der Dauer der Tests
- Setzt Vorwissen um Netzwerke voraus

Alternative

→ **FRITZ!App WLAN**

Für Besitzer eines Fritzbox-Routers von AVM gibt es ein einfach bedienbares Testprogramm. Die App zeigt die Verbindungsqualität des WLANs an und kann auch längere Tests durchführen. Sie funktioniert allerdings nur mit Routern von AVM. (Android / iOS)

AccuBattery: Akku prüfen und die Lebensdauer verlängern

Eine der sensibelsten Komponenten eines Smartphones ist der Akku, der nur eine begrenzte Lebensdauer hat. Bei iOS-Geräten erfahren Sie über die Systemeinstellung Batterie, wie es um Ihren Akku steht. Bei Android gibt es leider nichts Vergleichbares. Wollen Sie auch unter Android die Gesundheit Ihres Akkus im Blick behalten, ist daher eine App wie AccuBattery hilfreich.

Informationen über Nutzungs- und Ladezeiten

Die Besonderheit der App ist, dass sie alle Auflade- und Entladevorgänge protokolliert: Sie erfahren auf die Minute genau, wie lange Sie das Gerät genutzt haben, bevor Sie es wieder aufladen mussten. Die App prüft, wie lange das Gerät im Stand-by-Modus war, ob dieser oft unterbrochen wurde und welche Apps die meiste Energie verbraucht haben. Laut Hersteller soll diese Messung sogar genauer sein als die des Systems selbst. Auch die Ladegeschwindigkeit wird gemessen: Aktuelle Smartphones können schnell aufgeladen werden, das funktioniert aber nicht mit jedem Ladegerät. Dies überprüft AccuBattery ebenfalls und teilt Ihnen mit, wie lange das Aufladen dauern wird. Die kostenpflichtige Version bietet darüber hinaus noch weitere Auswertungsmöglichkeiten.

Lade-Alarm soll Akku schonen

Eine lange Lebensdauer des Akkus soll eine Schutzfunktion garantieren: Da jedes komplette Aufladen den Akku stark belastet, gibt es einen Lade-Alarm, der sich bei einem vorab von Ihnen festgelegten Ladestand bemerkbar macht. Ob dies wirklich sinnvoll ist, ist unter Fachleuten allerdings umstritten.

Stiftung Warentest | Smartphone konfigurieren

Wie gesund ist der Akku?

Läuft die App einige Wochen im Hintergrund, kann sie sogar messen, wie viel Kapazität der Akku noch besitzt. Anhand der Aufladevorgänge bestimmt das Tool dabei, welche Energie der Akku noch speichern kann – nach drei Jahren sind nämlich vielleicht nur noch 80 statt 100 Prozent Kapazität übrig und ein Akkutausch wäre angebracht.

So nutzen Sie den Lade-Alarm

Wollen Sie Ihr Smartphone möglichst schonend behandeln, ist der Lade-Alarm eine interessante Option: Bei einem bestimmten Ladestand des Akkus hören Sie einen Alarm und können den Ladevorgang unterbrechen. Den gewünschten maximalen Ladezustand können Sie frei wählen: Öffnen Sie die Ansicht *Aufladen*. Neben der Anzeige der Akkukapazität sehen Sie einen kleinen blauen Schieberegler. Über diesen Regler können Sie einen Wert festlegen, beispielsweise 90 Prozent. Ist der Akku zu 90 Prozent aufgeladen, werden Sie nun informiert. Es gibt allerdings nur eine Benachrichtigung, Sie müssen das Aufladen selbst unterbrechen.

> **Kurzüberblick**
>
> - Detaillierte Überwachung aller Lade- und Entladevorgänge
> - Kann Gesundheit des Akkus bestimmen
> - Optionaler Lade-Alarm zum Schutz des Akkus
> - Keine exakte Messung der Restkapazität, nur Schätzung

Probieren Sie es jetzt aus!
Stellen Sie den Lade-Alarm durch ziehen des blauen Schiebers

Aufladen von **0 %** bis **89 %** kostet **0,45** Zyklus Verschleiß
Dies erweitert die Lebensdauer Ihres Akkus um **98 %** im Vergleich zur vollständigen Aufladung.

Alternative

→ **Systemeinstellung Batterie**

Unter iOS bietet die Systemeinstellung Batterie eine ähnliche Funktionalität wie AccuBattery. Die Einstellung listet auf, welche App wie viel Akkukapazität verbraucht hat und wie lang die Nutzungszeit des Gerätes war. Unter der Rubrik „Batteriezustand" erfahren Sie außerdem, welche Restkapazität der Akku noch besitzt, und Sie können einen schonenden Ladevorgang aktivieren. (iOS)

Essen & Ernährung

Wollen Sie etwas Besonderes kochen, in Zukunft mehr auf Ihre Ernährung achten oder einfach mal wieder gut essen gehen? Apps helfen Ihnen bei der Suche nach Restaurants, empfehlen Ihnen Kochrezepte und geben Tipps zum Fasten oder Abnehmen. Aber auch gegen die Verschwendung von Lebensmitteln können Sie etwas tun.

Ihr Smartphone als Küchenchef

📍 **Auch in der Küche** und beim Einkaufen ist das Smartphone ein ständiger Begleiter, immer öfter hilft es zudem bei der Suche nach günstigen Angeboten und neuen interessanten Restaurants. Dabei können Apps auch spezielle Ernährungsweisen unterstützen, die App Happy Cow zeigt Ihnen beispielsweise die nächsten vegetarischen und veganen Restaurants, Cafés und Einkaufsmöglichkeiten. Ihnen ist die tägliche Verschwendung von Lebensmitteln ein Ärgernis? Dann ist vielleicht ein Service wie Too good to go für Sie interessant, der die Abholung übrig gebliebener Lebensmittel organisiert. Wollen Sie dagegen die Einkäufe in einer Familie oder WG organisieren, ist eine gute Einkaufszettel-App wie Our Groceries eine große Hilfe.

Gesünder essen oder erfolgreich fasten

Auch für die Ernährungsplanung bieten einige Apps nützliche Funktionen: Wollen Sie die Kalorienzahl und den Nährwert Ihrer Mahlzeiten im Blick behalten, hilft eine App von Fat Secret bei der schnellen Datenerfassung – unter anderem per Barcode-Leser. Fasten wiederum ist ein Gesundheitstrend, der durch die App Zero Fasting Tracker unterstützt und begleitet wird. Neben einem Timer liefert die App eine Reihe interessanter Begleitmaterialien zum Thema.

SOMMERREZEPTE FÜR UNTERWEGS
10 sommerliche Desserts für unterwegs

Kitchen Stories: Kochen leicht gemacht

Sie suchen nach einem guten Kochrezept? In den App Stores haben Sie die Qual der Wahl, eine der erfolgreichsten Rezeptsammlungen ist aber die aus Berlin stammende App Kitchen Stories, die bereits sowohl von Google als auch von Apple ausgezeichnet wurde. Grund für den Erfolg: Die App ist nicht nur schön gestaltet und einfach bedienbar, die Rezepte sind auch sehr gut erklärt und aufbereitet.

Videos zum Nachkochen und Einkaufslisten

Über eine Suchfunktion oder Kategorien finden Sie schnell das gewünschte Rezept; auch aufwendigere Rezepte macht die App durch hochwertige Schritt-für-Schritt-Anleitungen nachvollziehbar. Außerdem gibt es oft zusätzlich erklärende Videos von Köchen. Wollen Sie sich an einem Rezept wie „Einfache Ramen" versuchen, gibt Ihnen ein kurzes Video einen ersten Eindruck. Profis genügt das vielleicht schon zum Nachkochen, zusätzlich gibt es zu dem Rezept aber eine Zutatenliste. Die Dauer von Zubereitung, Backzeit und Ruhezeit sind ebenfalls angegeben. Die Zutatenliste können Sie per Antippen in die Einkaufsliste übernehmen – eine recht gut gemachte Unterfunktion. Was Sie an Utensilien benötigen, nennt die App Ihnen ebenso wie die Nährwerte einer Portion.

Stiftung Warentest | Essen & Ernährung

Kostenlose Schritt-für-Schritt-Anleitungen

Die Zubereitung selbst erklärt die App Schritt für Schritt und anhand gut gemachter Fotos. Die Dauer der einzelnen Zubereitungsschritte wird genannt, etwa wie lange bei einer Ramen-Suppe die Eier und wie lange die Nudeln kochen sollen. Alle Kochrezepte können Sie kostenlos abrufen.

Unbegrenztes Rezepte-Speichern im Abo

Für 25 Euro pro Jahr gibt es ein erweitertes Angebot von Kitchen Stories, dann ist auch das unbegrenzte Speichern von Rezepten möglich. Exklusiv gibt es hier außerdem einen speziellen Kochmodus für das Nachkochen der Rezepte und Sie können über mehrere Geräte auf Ihre Rezepte zugreifen.

So passen Sie die Anzahl der Portionen an

Die angegebenen Zutatenmengen sind immer für eine bestimmte Zahl an Personen berechnet, für weniger oder mehr Personen müssen Sie diese erst umrechnen. Das übernimmt aber die App für Sie: Über ein *Minus*- und ein *Plus*-Symbol können Sie die Anzahl der Portionen frei ändern, auch die Zutatenmenge für eine halbe Portion können Sie sich so ausrechnen lassen.

Kurzüberblick

- Gut erklärte Rezepte
- Praktische Einkaufszettel-Funktion
- Portionen frei wählbar
- Einige Videos englischsprachig

Alternative

→ **Lecker**

Über 60 000 Rezepte werden in der App Lecker.de vorgestellt, die per Werbung finanziert wird. Geboten werden Rezepte zur Saison, Schritt-für-Schritt-Anleitungen und eine integrierte Einkaufszettelfunktion. (Android / iOS)

Our Groceries: Einkaufslisten für die ganze Familie

Sind mehrere Leute für den Einkauf zuständig, kommt es immer wieder zu Absprachenproblemen – alle kaufen Brot, keiner Butter. Hier kann Our Groceries helfen. Dabei wirkt die App auf den ersten Blick fast schon enttäuschend: Nach dem Start haben Sie zwei simple Listen vor sich, eine für den Einkauf, eine für Rezepte. Man sollte die App aber keineswegs unterschätzen, ihre eigentliche Stärke ist der Abgleich von Einkaufszetteln zwischen mehreren Personen.

Automatischer Abgleich von Einkaufslisten

Nach einer schnellen Erstellung eines Accounts – Sie müssen lediglich eine E-Mail-Adresse und ein Passwort eingeben – kann sich jeder App-Nutzer über diese Anmeldedaten einloggen, und die Einkaufslisten werden automatisch abgeglichen. Durch ein simples Antippen können Sie einen gekauften Artikel als „erledigt" markieren, auf den Einkaufslisten der anderen Nutzer ist diese Änderung sofort zu sehen. Die Unterscheidung in *Einkaufslisten* und *Rezepturen* ist sehr nützlich: Tippen Sie auf ein häufiger verwendetes Rezept, trägt die App alle hier aufgeführten Zutaten in eine Einkaufsliste ein. Beim Ausfüllen der Rezepte in dieser App sollten Sie allerdings im Hinterkopf behalten, dass Sie hier nur die Zutaten eintragen müssen, die noch eingekauft werden müssen. Zu jeder Einkaufsliste und jedem Rezept können Sie auch Notizen ergänzen.

Gute Kompatibilität, iOS nur auf Englisch

Sie können die Einkaufsliste zusätzlich per Webbrowser aufrufen oder per Alexa Produkte ergänzen, auch Siri und Google Assistent werden unterstützt. Der

Import von Listen, etwa eine Liste mit Zutaten, ist aber nur über die Webseite des Betreibers möglich. Schade: Die iOS-Version ist nur mit englischsprachiger Oberfläche verfügbar, die Android-Version dagegen mit deutscher Oberfläche. Bei der iOS-Version fehlen außerdem einige Optionen für die Anpassung der Oberfläche.

Pro-Version mit Zusatzfunktionen

In der kostenpflichtigen Pro-Version stehen Ihnen auch andere Oberflächen-Designs zur Verfügung, Android Wear wird unterstützt und Sie können Fotos einbinden. Interessant ist außerdem eine Barcode-Funktion, die hilft, Missverständnisse auszuschließen: Mit dem Scannen des Barcodes einer Packung landet das Produkt sofort auf der Einkaufsliste – inklusive Bild.

So löschen Sie Einträge

Der Einkauf ist erledigt? Das Löschen einzelner Einkaufslisten oder Rezepte ist einfach möglich:
▶ **Unter Android** tippen Sie auf den Eintrag und halten den Finger gedrückt. Ein Kontextmenü mit mehreren Optionen öffnet sich, darunter auch *Liste löschen*.
▶ **Unter iOS** streichen Sie von rechts nach links über die Liste, eine Lösch-Option wird angezeigt. Das Löschen funktioniert auch bei einzelnen Listeneinträgen.

Kurzüberblick

- Einfacher Abgleich von Einkaufslisten
- Schnelle Anmeldung, gute Übersichtlichkeit
- Import von Listen oder Rezepten nur über die Webseite
- iOS-Version nur auf Englisch

Alternative

→ **Bring**

Eine modern gestaltete Oberfläche bietet der Einkaufslistenverwalter Bring. Er ermöglicht das Teilen von Einkaufslisten, weist zusätzlich auf Angebote hin und schlägt Rezepte vor. Auch die Verwaltung von Kundenkarten ist möglich. (Android / iOS)

Too good to go: Günstig Reste abholen

Viele Restaurants und gerade Bäckereien stehen vor einem Dilemma: Kunden erwarten selbst kurz vor Ladenschluss volle Regale, im Hotel ein eindrucksvolles Buffet und eine gute Auswahl. Kurz darauf aber müssen Berge an Lebensmitteln entsorgt werden – selbst hochwertigster Fisch oder erstklassige Backwaren. Die App Too good to go hat sich die Rettung dieser Lebensmittel zur Aufgabe gemacht und zu diesem Zweck ein Abholsystem organisiert. Die nach Angaben des Anbieters 3,7 Millionen deutschen Nutzer können überschüssige Lebensmittel abholen – zu stark reduzierten Preisen.

Lebensmittel retten, per App organisiert

Bäckereien stellen am Ende des Tages Backwaren bereit, Supermärkte überschüssige Produkte, Hotels und Restaurants Lebensmittel und Menüs. Teilnehmer sind unter anderem Nordsee, Real, Dean & David, die Accor-Hotels und viele Bäckereien. Organisiert und bezahlt wird der Einkauf per App: Sie zeigt Ihnen die teilnehmenden Betriebe in Ihrer Nähe und Sie können die gewünschte Bäckerei oder Gaststätte auswählen. In einer ausführlichen Beschreibung erfahren Sie Näheres über das Angebot, den Preis für ein Abholpaket und das Zeitfenster für die Abholung: bei einer Bäckerei oder Gaststätte oft die letzte halbe Stunde vor Ladenschluss, bei einem Supermarkt vielleicht 19.30 Uhr bis 20.00 Uhr.

Magic Bag zum deutlich reduzierten Preis

Die Besonderheit des Konzepts: Sie bestellen zu einem festen Preis eine sogenannte *Magic Bag*, die Sie zur angegebenen Zeit abholen. Die Preise sind recht unterschiedlich, üblich ist bei Bäckereien zum Beispiel eine

Bag für 3,30 Euro, die einen Wert von 10 Euro besitzen soll. Ein anderes Beispiel: Bei einer Restaurantkette zahlen Sie für ein Menü 4,50 Euro, das laut Anbieter eigentlich einen Wert von 13,50 Euro besitzt.

Am besten im Voraus reservieren

Abholen können Sie die Mahlzeit dann beispielsweise zwischen 18.30 Uhr und 19.00 Uhr. Die verfügbaren Pakete sind aber begrenzt und bei begehrten Stellen oft schon Stunden im Voraus reserviert und können auch storniert werden. Einige Tipps gibt die App ebenfalls: Etwa Sushi besser gleich nach Erhalt zu verzehren!

So können Sie einen Anbieter einschätzen

Die Nutzer können ihre erhaltenen Pakete bewerten, vor einer Bestellung lohnt sich ein Blick in diese Kommentare. Sowohl der Service und die Qualität als auch die Größe der Portionen werden benotet. Auch auf die Zahl und das Alter der Bewertungen sollten Sie dabei achten. Unter *Details* erfahren Sie außerdem, wie lange der Anbieter schon dabei ist und wie viele Pakete bereits ausgegeben wurden.

Alternative

→ **Zu gut für die Tonne**

Lebensmittel werden oft dadurch verschwendet, dass man Essensreste wegwirft. Das Bundesministerium für Ernährung und Landwirtschaft will mithilfe einer Informations-App aufzeigen, wie es anders gehen kann. Unter anderem liefert diese App Hunderte Rezepte von prominenten Köchen für die Resteküche. (Android / iOS)

Kurzüberblick

- Zahlreiche Teilnehmer und großes Angebot
- Einfache Bestellung
- Begehrte Angebote offensichtlich schnell ausgebucht
- Stornierung durch Anbieter möglich
- Abholung nur zu festen Zeiten, keine Auswahl

Happy Cow: Vegetarische und vegane Restaurants finden

Auf Reisen ist es nicht immer einfach, ein gutes veganes Restaurant oder Café zu finden – selbst in einer größeren Stadt wie München. Schon seit 1999 existiert die kalifornische Community Happy Cow, die sich auf diese Aufgabe spezialisiert hat. Die englischsprachige App zeigt nach einer Ortung Ihres Standorts alle nahen veganen und vegetarischen Angebote in der jeweiligen Stadt oder Region und stellt neue Restaurants, Cafés und Lebensmittelgeschäfte vor.

Restaurants, Cafés und Einkaufsmöglichkeiten

Die Angebote lassen sich nach drei Kategorien sortieren: *Vegan*, *Vegetarisch* und *Veggie-freundlich*. Letzteres verweist darauf, dass ein vegetarisches Angebot vorhanden ist, auch wenn das Restaurant nicht komplett fleischlos ist. Angezeigt werden nicht nur Restaurants, sondern auch Einkaufsmöglichkeiten wie vegane Geschäfte, Marktstände oder Bauernmärkte. Bei den zahlreichen Bewertungen können Sie sich auf eine Nutzergemeinde von etwa einer halben Million Happy-Cow-Anwendern verlassen, die auch für eine hohe Zahl an Fotos sorgen.

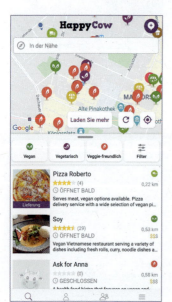

Aktive Community, geprüfte Einträge

Über die App haben Sie Zugriff auf die Community von Happy Cow, eine der größten Vegan-Gemeinschaften weltweit. Sie können sich austauschen, Nachrichten versenden und eigene Entdeckungen ergänzen. Nach Angaben der App wird jeder neue Eintrag geprüft, ob er bestimmte Standards erfüllt – also nicht einfach nur einige fleischlose Gerichte auf der Karte hat. Die Wegbeschreibung öffnet die App in der Karten-App des

Smartphones, Infos wie Telefonnummer, Facebookseite und Öffnungszeiten werden ebenfalls aufgelistet. Über eine Filterfunktion ist die Sortierung der Ergebnisse möglich, Sie können so etwa gezielt nach veganen Cafés in der Nähe suchen. Besondere Angebote lassen sich über die Suchfunktion finden.

Kurzüberblick

- Zahlreiche Empfehlungen
- Einfache Ortung und Navigation
- Gute Sortierungsmöglichkeit
- iOS-App nur kostenpflichtig verfügbar

Finanzierung durch kostenpflichtige App

Alle Inhalte sind über die Webseite kostenlos nutzbar, die iOS-App kostet allerdings 4,49 Euro. Wie die Android-App dient sie zur Finanzierung des Unternehmens. Für Android gibt es aber auch eine werbefinanzierte und damit kostenlose App.

So planen Sie Ihre Restaurantbesuche auf einer Reise

Wenn Sie in eine bestimmte Stadt reisen, können Sie mit der App vorab eine Offline-Liste mit Restaurants erstellen, die Sie besuchen möchten:

1. Bei einem einzelnen Eintrag sehen Sie oben rechts ein kleines *Flugzeug*-Symbol. Tippen Sie auf dieses Symbol.
2. Über *Reise erstellen* legen Sie nun eine neue Reise an.
3. Wenn Sie einen der Einträge einer Reise zuweisen, stehen Ihnen die Daten auch ohne Internetverbindung zur Verfügung.

Alternative

→ **CodeCheck**

Bei der Suche nach veganen Produkten hilft die App CodeCheck. Nach einem Scan des Barcodes zeigt sie die Inhaltsstoffe eines Produktes. So erfahren Sie, ob das Produkt vegan ist, die App kann aber auch auf Gluten, Laktose, Salz, Palmöl und Mikroplastik hinweisen. (Android / iOS)

Zero Fasting Tracker: Unterstützung beim Fasten

Fasten liegt im Trend. Religionen und viele Kulturen kennen das Fasten aus spirituellen Gründen, andere Fastende erhoffen sich positive Wirkungen auf den Körper. Die meisten wollen abnehmen – hier sind Erfolge laut Meinung von Fachleuten aber unsicher. In der Diskussion um die richtige Methode des Fastens nimmt die englischsprachige App Zero Fasting Tracker eine neutrale Haltung ein. Sie will vor allem das Planen und Durchführen des Fastens unterstützen. Über einen großen Timer verfolgen Sie den Ablauf und Stand Ihrer Fastenperiode, nach dem Ende wird die Zeit automatisch erfasst und in einem Tagebuch protokolliert.

Zirkadianes Fasten, Intervallfasten und mehr

Sie können aus einer ganzen Reihe an Fastenarten wählen: Möglich ist etwa das Fasten im zirkadianen Rhythmus nach Satchin Panda – man fastet dabei nur von Sonnenuntergang bis Sonnenaufgang. Das klassische Intervallfasten wird ebenfalls angeboten: 16 Stunden dauert die Nahrungskarenz nach dem Prinzip 16:8, 18 Stunden bei der Variante 18:6. Laut App beginnt der Körper ab diesen Fastenzeiten die Glykogenspeicher der Leber abzubauen, Fett wird so verbrannt und später Keton aufgebaut. Noch längere Fastenzeiten bieten 20:4 und das 36-Stunden-Fasten. Hier warnt die App, ein solches Fasten höchstens einmal die Woche durchzuführen.

Vorsicht bei längeren Fastenperioden

Generell gilt: Längeres Fasten sollte nur nach ärztlicher Absprache durchgeführt werden! Für manche Risikogruppen ist es gar nicht geeignet. Die App kann ärztliche Beratung nicht ersetzen.

Motivation durch Feedback

Die App spendet viel Lob für erfolgreiches Fasten: Sie erhalten eine Reihe an Orden verliehen und unterstützende Nachrichten und E-Mails. Statistiken zeigen den Verlauf der Fastenzeiten, über eine Protokollfunktion können Sie Gesundheitsdaten wie Gewicht, Schlafdauer und Ruhepuls ergänzen. Für 70 Euro im Jahr liefert Ihnen die Plus-Version weitere Statistikfunktionen, personalisierte Fastenpläne und Empfehlungen. Exklusiv erhalten Sie Videos, Audiodateien und Artikel, erfahren genau, was während des Fastens mit dem Körper passiert, und können Fragen an Experten stellen.

Kurzüberblick

- Einfache Auswahl einer Fastenart
- Übersichtliche Statistiken, zahlreiche weiterführende Informationen
- Englischsprachig
- Aufwendigere Fastenarten nur über kostenpflichtige Version planbar

So beginnen Sie das zirkadiane Fasten

Sie wollen das Fasten nach zirkadianem Rhythmus ausprobieren? Dann wird der Start durch den Sonnenuntergang festgelegt. Dazu muss das Tool aber auf die Ortungsfunktion zugreifen können. Bei der ersten Auswahl dieser Fastenart sehen Sie deshalb die entsprechende Bitte. Grundsätzlich sollten Sie beim Thema App-Berechtigungen kritisch sein (mehr dazu ab S. 166), in diesem Fall ist der Zugriff aber sinnvoll. Die App bestimmt über Ihren Standpunkt den Zeitpunkt des Sonnenuntergangs, die Dauer bis dahin wird im Timer angezeigt.

Alternative

→ **BodyFast Intervallfasten**

Die App BodyFast bietet zehn kostenlose Fastenpläne für das Intervallfasten, ein Timer zeigt den aktuellen Stand. Auch ein Wassertracker und eine Wissensdatenbank stehen zur Verfügung. Die Abo-Version bietet außerdem individuelle Pläne und Coachingfunktionen. (Android / iOS)

Kalorienzähler von FatSecret: Ernährung im Blick

Kalorienzählen klingt nicht sehr verlockend, verbindet man es doch mit Verzicht, aber auch mit komplizierten Kalorientabellen und unverständlichen Nährwertangaben. Die App des australischen Unternehmens FatSecret macht das Kalorienzählen jedoch besonders einfach – eine praktische Hilfe nicht nur für alle, die abnehmen wollen, sondern auch, um für eine gesündere Ernährung beispielsweise Fettsäuren und Kochsalz im Auge zu behalten.

Wie die App Lebensmittel erfasst

Über eine integrierte Suche können Sie viele Lebensmittel schnell auswählen. Geben Sie etwa unter *Frühstück* „Toast" oder „Joghurt" ein, schlägt die App zahlreiche deutsche Produkte diverser Handelsketten vor. Diese können Sie sofort mitsamt Kalorien und Nährwertangaben erfassen. Als Standard ist bei Produkten wie Nudeln oder Müsli allerdings meist die Menge 100 Gramm vorgegeben, dies müssen Sie anpassen. Ähnlich funktioniert die *Schnellwahl*, hier wählen Sie aus einer Liste an Markennamen, Supermarktnamen oder Produkten aus. Auch ein Verzeichnis an Restaurants und Ketten ist enthalten, so können Sie beispielsweise Ihr Menü bei Dean & David oder Hans im Glück meist direkt auswählen – ebenso die Getränke. Ebenfalls nützlich ist die Scan-Funktion: Statt den Nährwert abzulesen und einzugeben, scannen Sie per Kamera den Barcode der Verpackung ein.

Auswertung der Kalorien und Nährstoffe

Die erfassten Daten zeigt die App unter *Statistiken* in einer Wochen-, Monats- und Jahresübersicht. Zusätzlich zu den Kalorien berechnet sie die Makronährstoffe, also den Anteil an Kohlenhydraten, Fett und Eiweiß. Auch eine Aufstellung von Nährstoffen wie Natrium, Kalium und ungesättigten Fetten ist verfügbar.

Premium-Version mit Ernährungsplänen

Es gibt eine Premium-Version der App, die 41 Euro pro Jahr kostet. Hier erhalten Sie auch Ernährungspläne, die auf Ihre Diätziele abgestimmt werden. Zur Wahl stehen beispielsweise eine Keto-Diät, eine mediterrane Diät und intermittierendes Fasten. Zusätzlich können Sie über eine Funktion Ihren Wasserverbrauch im Blick behalten und eigene Ernährungspläne erstellen.

So erfassen Sie verbrannte Kalorien

Bei der Berechnung Ihres Kalorienverbrauches sollten Sie Aktivitäten wie Sport berücksichtigen. Sie finden die Funktion in der Tagesübersicht unter *Füge Übung/ Schlaf hinzu*. Tippen Sie auf den Eintrag, auch hier hilft Ihnen eine Suchfunktion bei der Eingabe. Wenn Sie „Joggen" eingeben, wird als Standard ein halbstündiger Lauf eingeblendet. Tippen Sie auf den Eintrag, um die Zeitangabe zu ändern. Die von Ihnen verbrauchten Kalorien werden anhand Ihrer Daten berechnet.

Kurzüberblick

- Schnelle Eingabe von Lebensmitteln bekannter Marken möglich
- Auswertung der Nährstoffwerte
- Eingabe von selbst gekochten Gerichten deutlich aufwendiger
- Verwaltung eigener Ernährungspläne nur in der Premium-Version möglich

Alternative

→ **FDDB Extender**

Der Kalorienzähler FDDB erleichtert die Erfassung des Kalorienverbrauchs durch eine große Produktdatenbank, über die Sie die meisten Lebensmittel schnell auswählen können. Auch die Nährstoffe werden erfasst, eine Scan-Funktion ermöglicht das Einlesen von Barcodes. Eine kostenpflichtige Version bietet weitere Funktionen. (Android / iOS)

Finanzen & Börse

Bankkonten überprüfen, Ausgaben kontrollieren, den Stand von ETFs und Aktien abfragen und mit Wertpapieren handeln – all das können Sie heute jederzeit und überall mithilfe Ihres Smartphones erledigen. Mit den richtigen Apps verlieren Sie niemals den Überblick und haben Ihre Finanzen im Griff.

Ihr Smartphone als Finanzverwalter

Um Konto und Aktiendepot zu verwalten, nutzen immer mehr Menschen ihr Smartphone. Bei vielen neuen Funktionen wie mTAN setzt Ihre Bank sogar voraus, dass Sie ein Smartphone besitzen. Das spart der Bank Filialkosten, aber auch Sie profitieren davon: Eine Überweisung oder Bezahlung per Smartphone ist nicht nur komfortabel, sondern dank Authentifizierungssystemen wie Fingerabdruckscanner und SMS auch vergleichsweise sicher. Weitere Apps helfen Ihnen beim Kauf von Aktien und informieren Sie über aktuelle Börsenkurse.

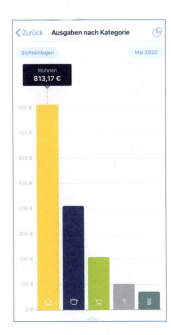

Apps der Hausbank oder Allrounder?

Oft ist die von der Bank bereitgestellte, kostenlose Banking-App die beste Wahl, da sie auf Dienste des jeweiligen Instituts maßgeschneidert ist. Allerdings gibt es große Qualitätsunterschiede: Gut sind laut Stiftung Warentest die Apps der Sparkasse und der GLS Bank, nur ein „Ausreichend" erreichten dagegen die Apps der Postbank und der Targobank. Pech haben Sie außerdem, wenn Sie Konten und Depots bei mehreren Banken besitzen, da Sie mit diesen Apps meist nur Konten einer einzigen Bank verwalten können. Hier schlägt die Stunde von Banking-Apps wie Finanzblick und Outbank 360°. (Mehr zum Test in test 6/2020 bzw. unter www.test.de/Banking-Apps.)

Outbank 360°: Eine einzige App für alle Konten

Outbank 360° ist kostenlos und unterstützt so gut wie alle deutschen Banken, viele Kreditkarten und Depots – laut eigenen Angaben etwa 4 000 Institute. Stärken der App sind die übersichtliche Oberfläche und die komfortable Bedienung.

Einfach per App bei Ihrer Bank anmelden

Eine Anmeldung bei einer Bank ist sehr einfach. Sie können Ihre Bank aus einer Liste auswählen und müssen nur Anmeldename (bzw. Log-in-ID) und die Banking-PIN eingeben. Wollen Sie die App erst mal nur ausprobieren, können Sie in der Liste ein Demo-Konto auswählen und die Funktionen in Ruhe testen. Die Daten der Konten ruft die App schnell und sicher ab, auf Wunsch werden sie beim Aufrufen der App automatisch aktualisiert.

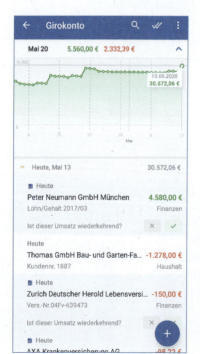

Ausgaben schnell erfassen

Um Ausgaben im Blick zu behalten, ist keine mühsame Kategorisierung oder Zuweisung von Kontodaten nötig. Die App wertet nämlich den Text in der Betreffzeile aus, um beispielsweise Einkäufe bei Lidl oder Edeka der Kategorie *Haushaltsausgaben* zuzuweisen oder die Mietzahlung von der Mieteinnahme zu unterscheiden. Das funktioniert besonders gut, wenn man fast nur per Karte zahlt.

Ausgaben auswerten und analysieren

Sie wollen Ihre Haushaltsausgaben der letzten Monate vergleichen? Tippen Sie auf den Button *Auswertung*. Die App zeigt Ihnen nun eine Gesamtübersicht aller Ausgaben und Einnahmen. Sie wollen noch mehr Details erfahren? Tippen Sie auf die als Grafik angezeigten *Ausgaben*. Dies öffnet eine detailliertere Ansicht und Sie können einzelne Rubriken wie *Miete* oder *Haushaltsausgaben* auswählen. Auf Wunsch sehen Sie die Ausgaben für den kompletten Monat, die Ausgaben bis Monatsmitte, ein Quartal oder das ganze Jahr. Diese Automatik ist zwar ungenauer als ein echtes Haushaltsbuch, Sie erhalten so aber einen schnellen Überblick über Ihre Ausgaben.

Kurzüberblick

- Guter Funktionsumfang
- Unterstützt zahlreiche Banken und Dienste
- Kostenlos
- Kompatibilitätsprobleme möglich, da keine offizielle App der Bank

So prüfen und verwalten Sie Abos

Eine interessante Option ist das Erkennen von Abos: Automatisch erkennt die App regelmäßig anfallende Ausgaben wie Streaming-Abos, Handyverträge und Stromverträge. Über die Rubrik *Verträge* kann man diese Verträge sofort kündigen oder den Anbieter wechseln. Diese Funktion ist aber nicht ganz uneigennützig. Die Banking-App wird nämlich von der Preisvergleichsseite Verivox finanziert und diese erhält bei einem Wechsel des Anbieters eine Provision.

Alternative

→ **Sparkasse**

Eine gute Bewertung (Note 2,2) der Stiftung Warentest erhielt die App des Sparkassenverbandes. Wenn Sie nur Konten der Sparkasse nutzen, haben Sie eigentlich keinen Grund, eine App eines Drittherstellers zu installieren. In Zukunft soll die App der Sparkasse auch Konten anderer Banken unterstützen, aus technischen Gründen war diese Funktion bei Redaktionsschluss aber noch nicht nutzbar. (Android / iOS)

Finanzblick: Alle Konten und Ausgaben überwachen

Ein Haushaltsbuch ist der Klassiker, um die Ausgaben im Blick zu behalten. Doch eine Banking-App wie Finanzblick kann diese Aufgabe ebenfalls übernehmen. Die App vom WISO-Steuer-Entwickler Buhl ist etwas komplizierter als Outbank 360° (S. 124) – dafür bietet sie aber auch, zusätzlich zur Verwaltung Ihrer Bank- und Aktienkonten, umfangreichere Auswertungsmöglichkeiten. Andere Banking-Apps können in diesem Bereich nicht mit Finanzblick mithalten.

Aussagekräftige Übersichten, auch am Desktop

Sie wollen wissen, wie viel Geld Sie für Versicherungen ausgeben? Dazu analysiert Finanzblick alle Ausgaben und erstellt für Sie eine aussagekräftige Grafik. Dabei können Sie wahlweise auf die Automatik vertrauen oder die Ausgaben selbst bestimmten Kategorien zuweisen. Ein weiterer Vorteil ist die Web-Version von Finanzblick. Da die Daten über einen Server abgeglichen werden, können Sie Ihre Daten auch am Desktop per Webbrowser abrufen. Sowohl App- als auch Web-Anwendung sind kostenlos. In gewisser Weise fungiert die App für Buhl als Werbung für die Steuersoftware WISO Steuer. Nutzer der Software können nämlich die Daten aus der App bequem übernehmen. Viele Zahlungen erkennt die Software dabei selbstständig als steuerlich relevant.

Sparen mithilfe von Budgets

Nützlich für Sparer sind die sogenannten *Budgets*, mit denen Sie Ihre Ausgaben überwachen können. Dazu weisen Sie einer Kategorie wie *Freizeit* einen bestimmten Betrag wie 100 Euro zu und können so das Einhalten dieses Limits verfolgen.

So führen Sie eine Foto-Überweisung durch

Eine Stärke von Finanzblick ist die solide Unterstützung der Foto-Überweisung. Müssen Sie eine Überweisung tätigen, erspart Ihnen diese Option das mühsame Abtippen von BIC und IBAN. Die Funktion ist in Finanzblick aber etwas versteckt:

1. Rufen Sie die Übersicht der *Buchungen* auf. Hier finden Sie ein kleines viereckiges Symbol mit einem *Euro*-Zeichen in der Mitte.
2. Beim Antippen des Symbols blendet die App eine Liste an Funktionen ein, darunter die Optionen *Überweisung fotografieren* und *Rechnung fotografieren*.
3. Klicken Sie eine der beiden Optionen an, öffnet sich die Fotofunktion und Sie können nun den Überweisungsvordruck beziehungsweise die Rechnung mit der Smartphone-Kamera abscannen.
4. Das Tool erkennt die Kontodaten und setzt sie automatisch in einen neuen Überweisungsauftrag ein. Vor dem Absenden sollten Sie aber die Daten noch einmal überprüfen.

Kurzüberblick

- Hoher Funktionsumfang, gute Auswertungsfunktionen
- Nutzung auch über eine Weboberfläche möglich
- Kostenlos
- Etwas komplizierte Oberfläche
- Kompatibilitätsprobleme möglich, da keine offizielle App der Bank

Alternative

→ **GLS Bank**

Zu den sehr wenigen von der Stiftung Warentest mit „Gut" bewerteten Apps deutscher Banken gehört die App der GLS Bank – nach eigenen Angaben die erste Ökobank der Welt. Überzeugen kann die App durch ihre technischen Eigenschaften, vor allem durch die gute Präsentation und schnelle Kontoabfrage. Geboten werden außerdem Überweisung per QR-Code, Finanzauswertungen und Budgetplanung. (Android / iOS)

Finanzen.net: Aktien und Finanzmarkt im Blick

Sie haben Aktien oder wollen einfach über den launischen Finanzmarkt auf dem Laufenden sein? Dafür gibt es in den App Stores eine Fülle an Apps von Finanzwebseiten oder Magazinen, die allerdings oft kaum mehr Nutzwert als die jeweiligen Webseiten bieten. Die App finanzen.net ist da eine löbliche Ausnahme.

Viele aktuelle Informationen, aber auch viel Werbung

Die Seite finanzen.net, eine der größten Finanzwebseiten, gehört zum Springer-Konzern. Ein Nachteil: Wie die Webseite ist die App werbefinanziert und blendet Werbung aller Art ein. Geboten wird dafür eine gute Übersicht über aktuelle Nachrichten, gute Artikel und die nützliche Seite *Heute im Fokus*. Gut gefallen auch die vielfältigen Konfigurationsmöglichkeiten und die einfache Bedienbarkeit.

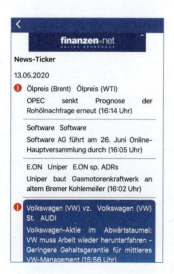

Echtzeit-Finanzinformationen

Wichtig für Aktienfans: Die App zeigt Informationen zu Wertpapieren in Echtzeit, also ohne die sonst übliche Zeitverzögerung. Das gilt für Aktien, Edelmetalle und Währungen, auch wenn die Daten von der kleinen Börse Stuttgart stammen. Nach einer Anmeldung kann man Favoritenlisten und Depots erstellen.

Interessante kostenlose Funktionen

Die App bietet Zusatzfunktionen, für die Sie bei anderen Apps monatliche Gebühren bezahlen müssten. So meldet die App per Sofortnachricht wichtige Marktereignisse, auf Wunsch informiert sie aber auch nur über Nachrichten zu bestimmten Aktien. Optional ist aus der App der direkte Kauf von Wertpapieren möglich, der Anbieter kooperiert dazu mit Comdirect. Dafür gibt es aber günstigere Angebote, die wir in diesem Kapitel noch vorstellen werden (S. 132).

So konfigurieren Sie die Sofortnachrichten

Sie wollen, dass Sie die App über Neuigkeiten zu einer bestimmten Aktie informiert? Das ist über die Funktion *Watchlist* möglich. Eine Voraussetzung für alle Benachrichtigungsfunktionen ist aber eine Anmeldung bei finanzen.net. Das Ergänzen der Aktie ist einfach:

1. Rufen Sie die Aktie über die Suchfunktion auf.
2. Klicken Sie auf das *Plus*-Symbol über der Aktie.
3. Nach einer Anmeldung können Sie *News-Push* aktivieren. Sie erhalten dann eine Systemnachricht, wenn eine Nachricht über Ihre Aktie erscheint.
4. Sie können auch ein *Limit* festlegen, um informiert zu werden, wenn der Aktienkurs das Limit erreicht.

Kurzüberblick

- Aktuelle Nachrichten
- Push-Nachrichten bei wichtigen Ereignissen und Kursänderungen
- Kostenlos
- Einblendung von Werbung

Alternativen

→ Börse ARD

Eines der besten Finanzinformationsangebote ist sicher boerse.ARD.de vom Hessischen Rundfunk. Die Berichte in Text- und Videoform sind erstklassig, die Seite liefert aktuelle Kursinformationen und Marktberichte. Gegenüber der Webseite bietet die App aber kaum Mehrwert. (Android / iOS)

→ Seeking Alpha

Die englischsprachige App Seeking Alpha gehört zu einer amerikanischen Webseite und ist für Anleger mit US-Aktien sehr hilfreich. Eine Besonderheit sind interessante Beiträge von Investoren und intensive Diskussionen über Aktien. (Android / iOS)

Klarna: Zahlungsdienstleister mit kostenloser Kreditkarte

Klarna ist Ihnen in Onlineshops wahrscheinlich schon als Bezahlmöglichkeit begegnet. Ähnlich wie PayPal ist der Zahlungsdienstleister aus Schweden eine Alternative zu Kreditkarte oder Lastschrift. Klarna wird vor allem mit dem Stichwort „Sofortüberweisung" in Verbindung gebracht, man kann damit aber nicht nur online bezahlen, sondern auch in einigen Ladengeschäften wie Adidas, Zara oder H&M einkaufen.

Einfach mit dem Bankkonto verknüpfen

Die Nutzung setzt ein Bankkonto bei einer herkömmlichen Bank voraus, das Sie mit Klarna verknüpfen müssen – die Eingabe der IBAN genügt. Ein großer Vorteil ist, dass mit Klarna die Bezahlung auf Rechnung möglich ist. Anders als bei einer Kreditkartenzahlung also ein recht risikoloser Kauf, bei dem Sie erst später bezahlen müssen.

Interessante Option: Die Klarna Card

Sie können bei Klarna eine kostenlose Kreditkarte, die sogenannte Klarna Card, beantragen. Dabei handelt es sich um eine echte VISA-Kreditkarte, mit der Sie wie mit jeder Kreditkarte bezahlen können – nützlich zum Beispiel für ein Hotel im Ausland, das nur Kreditkarten akzeptiert. Eine Einschränkung gibt es dann aber doch: Das Abheben von Bargeld am Automaten ist damit nicht möglich. Das sollte aber kein Problem sein, hat doch jeder Klarna-Kunde vermutlich ein herkömmliches Girokonto bei einer Bank. Vorteilhaft ist, dass weder eine Jahresgebühr noch Gebühren bei Zahlungen in Fremdwährungen anfallen. Die Klarna Card ist auch dann eine gute Lösung, wenn Sie die neuen Bezahltechnologien Apple Pay oder Google Pay nutzen wollen. Die Karte lässt sich nämlich mit diesen Diensten verknüpfen und Sie zahlen ab sofort drahtlos per Smartphone.

So erhalten Sie die Kreditkarte

Um die Karte zu beantragen, müssen Sie volljährig sein. Tippen Sie im Startfenster auf *Klarna Card*:

1. Haben Sie schon einen Einkauf mit Klarna getätigt, können Sie die Karte sofort beantragen. Andernfalls müssen Sie erst eine Zahlung mit Klarna durchführen – das kann jeder kleine Einkauf im Web sein.
2. Nach Prüfung Ihrer Bonität erhalten Sie nach einigen Tagen per Post eine Karte zugeschickt.
3. Um die Karte mit Ihrem Girokonto zu verknüpfen, müssen Sie einen kleinen Geldbetrag an Klarna überweisen, der sofort zurücküberwiesen wird.

Kurzüberblick

- Einfache Bedienung
- Relativ niedrige Gebühren
- Kostenlose Kreditkarte
- Kein Abheben von Geld am Automaten möglich
- Von relativ wenigen Shops und Läden unterstützt

Ab diesem Zeitpunkt steht Ihnen die Kreditkarte zur Verfügung. Die Verwaltung der Buchungen ist über die App möglich. Neben der Überprüfung der Zahlungen gibt es die Option, Umsätze erst innerhalb von 14 Tagen zu überweisen. Es gibt auch eine Ratenzahlung, hier fallen aber recht hohe Zinsen von 11,95 Prozent plus 0,45 Euro pro Monat an. (Stand Juni 2020)

Alternative

→ **PayPal**

Der Anbieter PayPal ist sehr bekannt, nicht zuletzt als Zahlungsdienstleister für eBay. Die App bietet einige Vorteile. So haben Sie einen schnellen Zugriff auf das eigene PayPal-Konto, können über die App aber auch bequem Geldbeträge an andere PayPal-Nutzer überweisen oder Geld spenden. (Android / iOS)

Trade Republic: Aktien günstig kaufen und verkaufen

Kaufen Sie bisher Aktien oder andere Wertpapiere über Ihre Hausbank oder eine Depotbank, fallen bei jedem Kauf hohe Provisionen an. Gerade bei Sparplänen oder kleinen Aktienkäufen kann dies schnell die Gewinne aufzehren. Es geht aber günstiger: Wollen Sie nur gelegentlich kleine Beträge in Aktien oder ETFs investieren, sind Billigbroker wie Trade Republic, Justtrade oder Gratisbroker einen Blick wert. Kaufen und Verkaufen ist bequem über eine App möglich, die Gebühren sind äußerst niedrig. Empfehlenswert sind die Anbieter aber eher für erfahrene Anleger, da es keinerlei Beratung beim Kauf der Aktien gibt.

Nur ein Euro pro Wertpapierkauf

Das im März 2020 von der Stiftung Warentest geprüfte Trade Republic verlangt pro Wertpapierkauf nur einen Euro, kein herkömmlicher Anbieter kann da mithalten (test 4/2020 bzw. www.test.de/Gratisbroker-5468655-0/). Das Angebot ist auf knapp 500 ETFs und 7300 Aktien begrenzt. Für Käufe nutzt Trade Republic statt großer Börsen wie Xetra den Anbieter Lang und Schwarz. Für die meisten Anwender ist das aber kein echter Nachteil. Eine Watchlist hilft, interessante Aktien zu beobachten. Auf Wunsch informiert Sie die App sogar, ob der Kurs einer Aktie gerade eine bestimmte Schwelle über- oder unterschritten hat.

Registrierung per Videochat

Die Bedienung ist simpel, die App bietet eine übersichtliche Suchfunktion und listet als Einkaufshilfe die gerade beliebtesten ETFs und Aktien auf. Vor dem Kauf von Aktien müssen Sie Geld auf ein Verrechnungskonto überweisen, wie bei Depots üblich. Etwas lästig ist die Registrierung: Um sich zu legitimieren, müssen Sie in einem Videochat Ihren Personalausweis vorzeigen und Fragen beantworten. Innerhalb von knapp zehn Minuten haben Sie sich aber „ausgewiesen" und können von nun an auf Ihr Aktiendepot zugreifen.

So richten Sie einen ETF-Sparplan ein

Der Kauf von Einzelaktien gilt als riskant, sicherer sind sogenannte ETFs eines Index wie DAX oder NASDAQ. Erwerben Sie diese über das Jahr verteilt, vermeiden Sie zusätzlich das Risiko, zu Höchstpreisen zu kaufen. Das Erstellen eines ETF-Sparplans in der App ist einfach:

Kurzüberblick

- Niedrige Gebühren
- Schnelle Einrichtung
- Begrenzte Zahl an Aktien und ETFs
- Anmeldung nur über Videokonferenz möglich, nicht per Post
- Käufe nur über einen Anbieter möglich
- Eher für erfahrene Anleger, da keine Beratung

1. Klicken Sie im Ordermanager auf *Sparplan Hinzufügen*. Nun können Sie aus einer Liste von über 300 sparplanfähigen ETFs wählen.
2. Nach Aufruf des gewünschten ETF klicken Sie auf die zweite Option *Sparplan Erstellen*.
3. Sie können nun die Höhe der Zahlung und die Frequenz auswählen: vierteljährlich, monatlich oder zweimal im Monat. Bei monatlichen Zahlungen können Sie außerdem zwischen einem Kauf am Anfang oder in der Mitte des Monats auswählen (empfohlen wird oft der Kauf in der Monatsmitte).
4. Der Sparplan ist nun eingerichtet.

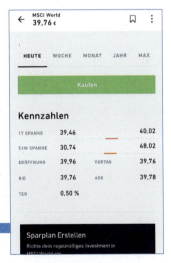

Alternative

→ **Justtrade**

Der Billigbroker Justtrade ähnelt stark Trade Republic. Hier sind Käufe von Aktien sogar kostenlos, es gibt aber eine Mindestordergröße von 500 Euro. Etwa 1 000 ETFs können gehandelt werden, knapp 7 300 Aktien stehen zur Wahl. (Android / iOS)

Musik & Podcasts

Moderne Smartphones haben klassische MP3-Player längst überflüssig gemacht. Sie sind vollwertige Musikplayer mit tollem Klang und einfacher Bedienung. Für das Abspielen und Verwalten von Podcasts sind sie ebenfalls ideal geeignet, und mit der passenden App können Sie Ihr Smartphone sogar in ein Mini-Musikstudio verwandeln.

Ihr Smartphone als Musikplayer

📍 **Musik am Smartphone** zu hören ist heutzutage selbstverständlich. Immer seltener wird diese jedoch zum Download gekauft, der Trend geht zu Audiostreamingdiensten wie Spotify, die riesige Erfolge feiern. Sie bieten den uneingeschränkten Zugriff auf Millionen von Alben und Songs – zumindest solange das teure Abo läuft. Dank immer niedrigerer Mobilfunkpreise können Anwender auch unterwegs auf diese Dienste zugreifen. Die im Smartphone integrierten Lautsprecher werden zudem immer besser, manche Top-Geräte können bereits mit Bluetooth-Lautsprechern mithalten.

Podcasts anhören und verwalten

Einer der größten Trends unter Mobilanwendungen sind Podcasts – gesprochene Audio-Sendungen zu allen erdenklichen Themen. Berühmt wurde während der Coronakrise der NDR-Podcast mit dem Virologen Christian Drosten. Fast jede deutsche Zeitung und viele Sender haben in den letzten Jahren eigene Podcasts ins Angebot aufgenommen. Ein guter Einstiegspunkt ist die App Castbox, die Podcasts nicht nur abspielt und verwaltet, sondern auch ganze Kataloge an Sendungen bereitstellt und interessante Podcasts vorschlägt.

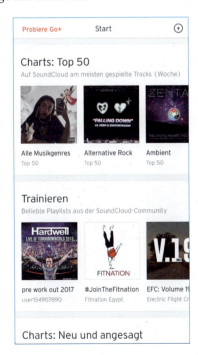

Soundcloud: Musik entdecken und selbst veröffentlichen

Suchen Sie nach Musikeindrücken abseits des Mainstreams? Oder machen Sie selbst Musik? Dann sollten Sie sich Soundcloud ansehen. Der von zwei Schweden in Berlin gegründete Dienst ist nach eigenen Angaben die größte Audioplattform der Welt und hat sich auf das Veröffentlichen von Musikdateien spezialisiert. Wollen Sie als Musiker erfolgreich werden, finden Sie hier ein riesiges, aktives Publikum. Einige prominente Musiker wurden hier bekannt, so veröffentlichte Billie Eilish auf Soundcloud ihre ersten Songs. Allerdings: Die Überzahl der etwa 20 Millionen Musikerinnen und Musiker sind Hobbykünstler – sogar Elon Musk ist mit einigen Titeln vertreten.

Schwerpunkt Musik, aber auch Podcasts

Dank einer großen Nutzergemeinde ernten gelungene Songs viel Lob und Empfehlungen. Ausgelegt ist der Dienst auf Musik, er hat aber auch viele Podcasts im Angebot, darunter die Nachrichtensendungen von Zeit und Spiegel. Diese sind jedoch fast nur durch eine gezielte Suche zu finden, spezialisierte Podcast-Apps sind hier praktischer (etwa Castbox, S. 142).

Ideal zum Veröffentlichen von Audiodateien

Auf YouTube oder Facebook können Künstler ihre Songs nur als Video veröffentlichen, Soundcloud ist dagegen Spezialist für das Abspielen von Tondateien: Markenzeichen des Dienstes ist ein sogenannter visueller Player, der eine Audiodatei als Wellenformansicht darstellt. Diese Darstellung ist sehr nützlich, da Sie so durch große Audiodateien navigieren können. Sie können außerdem gezielt bestimmte Teile eines Songs kommentieren.

Kostenlose Version und verschiedene Abos

Insgesamt fünf Abo-Versionen bietet Soundcloud: Die kostenlose Mitgliedschaft finanziert der Dienst durch eingeblendete Werbung, bis zu drei Stunden Audio dürfen Sie hier kostenlos hochladen. Ab 6 Euro pro Monat erhalten Sie den werbefreien Vertrag Go. Damit können Sie die Audiodateien auch herunterladen, haben aber wie die Kostenlos-Nutzer „nur" auf 120 Millionen Songs Zugriff. Für 10 Euro im Monat bekommen Sie mit Soundcloud Go+ den kompletten Katalog mit insgesamt 200 Millionen Songs. Zwei weitere Abo-Versionen gibt es außerdem für beitragende Musiker.

So laden Sie Audiodateien hoch

Tippen Sie auf das kleine *Pfeil*-Symbol auf der rechten oberen Leiste. Sie können nun eine Audiodatei auf Ihrem Smartphone auswählen. Der Upload startet automatisch, der Dateiname wird als *Titel* übernommen. Sie können einen Titelnamen ergänzen und die Datei einem *Genre* zuordnen. Auch eine *Beschreibung* sollten Sie ergänzen. Auf Wunsch ist die Datei für alle Soundcloud-Nutzer zugänglich, mit der Option *Privat* nur für ausgewählte Anwender.

Kurzüberblick

- Sehr viele Musiker, großes Publikum
- Einfaches Veröffentlichen von Musik und Podcasts möglich
- Kostenlos nutzbar
- Guter Audioplayer, den man auch in andere Webseiten einbinden kann
- Viele Einschränkungen bei der kostenlosen Variante
- Podcasts ohne eigene Rubrik

Alternative

→ **YouTube**

YouTube ist für das Veröffentlichen von Videos die beliebteste Plattform. Audiodateien kann man dort eigentlich nicht veröffentlichen, doch viele wandeln sie einfach vor dem Upload in Videodateien um. Bei Apps wie Music Maker Jam (S. 140) kann man Audiodateien wahlweise als Audio- oder Videodatei exportieren. (Android / iOS)

Spotify: Millionen Songs kostenlos abrufen

Für preisbewusste Musikfans führt kein Weg an Spotify vorbei, einem der sehr wenigen Audiostreamingdienste mit einem kostenlosen Angebot.

Kostenlose Version: Ähnlich wie Radio hören

Haben Sie die Abo-Version Spotify Free gewählt, unterbricht der Anbieter die Songs gelegentlich durch Werbepausen, deren Zahl hält sich aber im Rahmen. Es gibt noch weitere Einschränkungen: So können Sie die Playlisten nicht überarbeiten und beim Hören einer Playlist oder eines Albums nur sechs Songs pro Stunde überspringen. Im Prinzip wird das Angebot dadurch zu einer Art Radiosender, eignet sich also nicht für Ungeduldige.

Praktisch: Gute Integrationsmöglichkeiten

Am Funktionsumfang gibt es nichts zu kritisieren: Der Dienst gewährleistet den Zugriff auf über 50 Millionen Songs und bietet neben Musik auch Hörbücher und Podcasts. Stärke von Spotify ist die gute Integration in andere Dienste oder Apps. Nutzen Sie beispielsweise beim Autofahren Google Maps oder Waze, können Sie aus diesen Apps heraus Ihre Lieblings-Playlist starten oder einen Song suchen. Auch Alexa unterstützt Spotify Free und spielt die kostenlose Musik per Echo ab. Viele moderne WLAN-Lautsprecher und moderne TV-Geräte unterstützen eine Funktion namens Spotify Connect – Sie können dann diese Geräte per WLAN anbinden und als Abspielgerät benutzen. Kaufen können Sie einzelne Songs oder Alben bei Spotify allerdings nicht, der Dienst ist ein reines Abo-Angebot.

So sorgen Sie für passende Song-Vorschläge

Eine Spezialität von Spotify ist die Fähigkeit, Ihren Musikgeschmack zu analysieren und passende Songs vorzuschlagen. So erhalten Sie jede Woche eine neue, auf Sie zugeschnittene Playlist. Grundlage der Empfehlungen sind die Songs, die Sie abgespielt haben, sowie Ihre Angaben zu Lieblingskünstlern und -bands bei der Anmeldung. Diese Liste können Sie anpassen:

1. Tippen Sie auf das Symbol *Bibliothek*.
2. Unter *Musik* finden Sie den Eintrag *Künstler*innen*. Hier werden Ihre Lieblingsmusiker aufgelistet.
3. Um einen Eintrag zu entfernen, tippen Sie darauf.
4. Sie sehen nun die Seite des Künstlers oder der Band. Wenn Sie auf *Folge ich* tippen, verschwindet der Eintrag und wird nicht mehr berücksichtigt.

Kurzüberblick

- Große Auswahl an Musik und anderen Angeboten wie Podcasts
- Gute Integrationsmöglichkeiten
- Brauchbare Musikvorschläge
- Kostenlos nutzbar, wenn auch mit vielen Einschränkungen
- Kein Kauf von Musik möglich

Alternativen

→ **Amazon Music Prime**

Der Audiostreamingdienst Amazon Music steht den Kunden des Amazon-Abos Prime zur Verfügung. Ohne zusätzliche Kosten erhalten diese Zugang zu einer gut ausgestatteten Musikbibliothek. Wollen Sie aber auf die komplette Sammlung von Amazon Music zugreifen, wird eine zusätzliche Gebühr von 11 Euro pro Monat fällig. (Android / iOS)

→ **Tune In**

Tune In ist kein Streamingdienst mit einem Katalog an Songs und Alben, sondern bietet Webradio. Der Anbieter ermöglicht per App den Zugriff auf Tausende Radiostationen. Die Inhalte sind meist englischsprachig. US-Sportsendungen und weitere Sender gibt es gegen eine Abo-Gebühr. (Android / iOS)

Music Maker Jam: Selbst Musik produzieren

Um eigene Songs zu produzieren, müssen Sie heute nicht einmal ein Instrument spielen können. Das übernehmen virtuelle Musikinstrumente für Sie. Alles, was Sie brauchen, ist eine App wie Music Maker Jam, die für Einsteiger geeignet und sogar kostenlos nutzbar ist. Einigen Nutzern kommt sie vielleicht vertraut vor: Es handelt sich um die Mobilversion der altbekannten App Music Maker von Magix.

Samples kombinieren auf bis zu acht Spuren

Bei Music Maker Jam nutzen Sie vorgegebene Musikstücke, *Samples* genannt, die Sie neu anordnen und kombinieren. Grundlage sind eine Reihe an auswählbaren Musikinstrumenten und sogenannte *Loops* aus einer Bibliothek. Für deren Anordnung stehen Ihnen bis zu acht Spuren zur Verfügung. Jede Spur steht dabei für ein „Bandmitglied", etwa einen Gitarristen, der einen bestimmten Akkord spielt. Eine weitere Spur könnte eine Gesangsstimme sein. Die Bedienung wird beim ersten Start der App erläutert. Einige der Loops aus Musikrichtungen wie Pop, Rock oder Hip-Hop können Sie beim Programmstart auswählen, weitere erhalten Sie über einen Onlineshop mit kostenlosen und kostenpflichtigen Paketen.

Live oder Aufnahme?

Grundsätzlich können Sie die App auf zwei Arten verwenden: Sie machen damit Live-Musik – eben eine Jam-Session – oder Sie nehmen den Song auf. Die Aufnahme startet beim Drücken der roten Aufnahmetaste und kann später exportiert werden.

Gut für erste Schritte, zu wenig für Profis

Anspruchsvollere Nutzer stoßen allerdings schnell an Grenzen des Konzepts: Die App eignet sich gut für erste Schritte in der Musikproduktion, sie ist aber kaum ausbaufähig und acht Spuren werden bald zu wenig.

So veröffentlichen Sie Ihren Song

Haben Sie einen Song aufgenommen, finden Sie ihn am iPhone unter *My content*, unter Android unter *Aufnahmen*. Tippen Sie den Song an, öffnet sich ein Fenster für die Veröffentlichung. Zuerst können Sie ein Foto ergänzen, dann einen Titel. Zusätzlich ist ein Beschreibungstext möglich, die Textlänge ist auf 140 Zeichen begrenzt. Danach tippen Sie auf *Teilen*. Vorgegeben ist das Veröffentlichen bei der JAM-Community, einem Dienst des Herstellers Magix. Tippen Sie auf *Anderes*, können Sie stattdessen aber auch YouTube, Soundcloud und Facebook auswählen. Sie wollen den Song lieber als Datei exportieren? Dann tippen Sie auf *Mehr*. Der Song wird wahlweise als Video- oder Audiodatei exportiert und Sie können ihn auf dem Smartphone speichern oder weitergeben.

Kurzüberblick

- Einfache Bedienung
- Einfaches Veröffentlichen der Songs
- Begrenzung auf acht Spuren
- Wenig Bearbeitungsmöglichkeiten
- Zusätzliche Loops und Filter kostenpflichtig
- Nur begrenzt erweiterbar

Alternative

→ **GarageBand**

GarageBand ist Music Maker Jam deutlich überlegen, Apple hat hier viele kostenlose Instrumente und Loops bereitgestellt. Auch Einsteiger kommen mit dem Tool gut zurecht, allerdings gibt es die Software nur für iOS. (iOS)

Castbox: Podcasts finden und verwalten

Podcasts sind wie für das Smartphone gemacht. Die oft aufwendig produzierten Audiosendungen sind praktischer als Live-Radiosendungen und es gibt sie zu zahllosen Themen. Zum Anhören können Sie den Browser Ihres Smartphones verwenden, komfortabler ist aber eine Podcast-App. Diese hilft bei der Verwaltung mehrerer Lieblingssendungen und lädt ganze Serien auf Ihr Gerät. Die kostenlose App Castbox bietet dabei einige interessante Vorteile, vor allem bei der Erschließung des riesigen Angebotes.

Die Qual der Wahl? Hier hilft die App

Bei der Suche nach neuen Podcasts stehen Sie vor einem Problem: Es gibt einfach viel zu viele Angebote und die Suchfunktion hilft nur begrenzt weiter. So lassen sich zwar gezielt bestimmte Podcasts finden, aber keine interessanten neuen Beiträge. Castbox versucht hier zu helfen: Ähnlich wie Spotify (S. 138) schlägt der Dienst auf Basis der Interessen des Nutzers und seiner Hörgewohnheiten weitere Podcasts vor.

Große Auswahl, Bewertungen und Top-Listen

Deutschen Nutzern werden deutsche Podcasts vorgeschlagen, Sie haben aber auch Zugriff auf zahlreiche internationale Angebote. Dank einer riesigen Community gibt es viele Bewertungen und Empfehlungen, die beim Aufspüren interessanter Neuheiten Orientierung bieten. Außerdem gibt es Top-Listen der beliebtesten Podcasts, die auf bestimmte *Kategorien* wie *Kunst*, *Wirtschaft* oder *Bildung* beschränkt werden können. Einen Blick wert sind auch Rubriken wie *StaffFavorites* oder *Top Search*.

Speicherplatz im Blick behalten

Um einen Podcast zu abonnieren, klicken Sie auf *Abonnieren*, durch ein zweites Antippen wird das Abonnement wieder beendet. Als Standard lädt die App von jedem Podcast die letzten drei Folgen, bei sehr vielen Abos verbraucht dies aber viel Speicherplatz und eventuell auch Datenvolumen. Deaktivieren oder ändern können Sie diese Download-Einstellung über die Voreinstellungen der App.

Kurzüberblick

- Umfangreicher internationaler Katalog
- Downloads der Podcasts gut einstellbar
- Viele Empfehlungen von Nutzern und automatisch erstellte Empfehlungen
- Kostenlose Version blendet Werbebanner ein

So aktivieren Sie den automatischen Download für einen bestimmten Podcast

Für Ihre Lieblingspodcasts können Sie die automatischen Downloads gezielt wieder aktivieren:

1. Tippen Sie auf *Bibliothek*: Alle abonnierten Podcasts sind hier aufgelistet.
2. Rufen Sie einen der Podcasts auf.
3. Über die drei kleinen Punkte oben rechts rufen Sie ein Menü auf. Wählen Sie hier *Einstellungen*.
4. Hier können Sie nun genau vorgeben, wie viele neue Folgen dieses Podcasts automatisch geladen werden sollen.

Alternative

→ **Overcast**

Die unter Podcast-Freunden sehr beliebte App Overcast ist nicht nur ein ausgereifter Podcast-Verwalter, sondern bietet tolle Spezialfunktionen: Mit „Smart Speed" kann man das Abspielen beschleunigen, mit „Voice Boost" den Klang für gesprochene Inhalte optimieren. Auf Wunsch überspringt das Tool auch Vor- und Abspann der Casts. (iOS)

VLC: Kostenloser Player für Audio und Video

Der Player VLC läuft auf vielen PCs, es gibt ihn aber auch in einer Mobilversion fürs Smartphone. Er beherrscht nicht nur das Abspielen von Videos, sondern ist zugleich ein einfach bedienbarer und werbefreier Audioplayer. Vor allem die iOS-Version ist zu empfehlen, sie bietet etwas mehr Funktionen als die Android-Version.

Unterstützung zahlreicher Audioformate

Die große Stärke des Players ist die breite Unterstützung von Formaten, er öffnet sogar seltene Audioformate wie Ogg und FLAC. Ein Nachteil: Sie können mit dem Player nur Audiodateien ohne Kopierschutz abspielen, aber keine iTunes-Musikdateien mit DRM oder andere Kauf-Formate.

Audio im Heimnetz, Webradio und Cloud-Anbindung

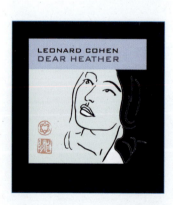

Der Player spielt auf dem Smartphone nicht nur Musikdateien, sondern nach Eingabe der Streaming-Adresse auch Webradio ab. Im Heimnetz greift er auf freigegebene Ordner mit Audiodateien zu und erkennt Dateien eines Streaming-Servers, wie sie etwa ein Fritzbox-Router bereitstellen kann. Nutzt man Webspeicherdienste wie Google Drive oder Dropbox, kann der Player die dort gespeicherten Audiodateien abspielen.

Schlicht gestaltete Open-Source-Software

Die Oberfläche ist sehr schlicht gestaltet, einige fortgeschrittene Funktionen sind über die Voreinstellungen zu finden. Mit der Open-Source-Software hat man unter Android Zugriff auf die Musikordner, unter iOS bietet die App einen freigegebenen Ordner, den man mit Musikdateien befüllen kann.

So laden Sie Audiodateien aus der Cloud

In Ihrem Cloud-Account gespeicherte Musikdateien können Sie mit dem VLC Player abspielen:

▶ **Unter iOS** wählen Sie in VLC die Option *Netzwerk*. Hier finden Sie den Eintrag *Cloud-Dienste*. Die gängigsten Dienste wie Dropbox, Google Drive und iCloud sind hier aufgelistet. Tippen Sie auf den gewünschten Dienst, dann auf *Anmelden*. Nach Angabe der Anmeldedaten haben Sie die Ordner Ihres Online-Accounts vor sich. Mit Antippen eines Songs starten Sie das Abspielen, mit dem Pfeilsymbol laden Sie eine Datei auf Ihr Smartphone. Das Anlegen von Abspiellisten ist mit den Dateien in der Cloud leider nicht möglich und nach einer längeren Pause müssen Sie sich neu verbinden.

▶ **Unter Android** funktioniert das direkte Laden und Abspielen über die Cloud nicht, hier müssen Sie die Daten zum Beispiel mit der App Google Drive aufrufen und auf das Smartphone laden.

Kurzüberblick

- Guter Funktionsumfang
- Unterstützt sehr viele Formate und Netzprotokolle
- Kostenlos
- Wenig Erläuterungen oder Hilfsfunktionen
- Keine Unterstützung für DRM-Musikdateien

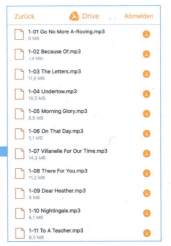

Alternativen

→ **Poweramp**

Der Musikplayer Poweramp ist unter Android ein echter Klassiker und eignet sich gut, um große MP3-Sammlungen zu verwalten. Mit einem Equalizer lässt sich der Klang verbessern, die Nutzung aller Funktionen kostet aber 5 Euro. (Android)

→ **Apple Music**

Apple Music ist für iOS und Android verfügbar, unter iOS eignet sich das Tool gut, um eigene Musiksammlungen zu verwalten. Im Vordergrund steht aber in allen Versionen der Musikdienst Apple Music, ein kostenpflichtiger Abo-Dienst. (Android / iOS)

Privatsphäre & Sicherheit

Nahezu alles ist heute am Smartphone möglich. Doch leider ist es nicht ganz risikolos, wenn Sie am Smartphone sensible Daten verwalten oder sogar teilen. Bei der Auswahl eines Messengers sollte auch der Datenschutz ein Kriterium sein. Andere Apps unterstützen direkt die sichere Smartphone-Nutzung, indem sie Ihre Passwörter verwalten oder beim Surfen im Internet Ihre Spuren verwischen.

Ihr Smartphone anonymer nutzen

Wer ein neues Smartphone in Betrieb nimmt, überlegt oft, ob ein Virenscanner nötig ist. Mehr zu diesem Thema erfahren Sie ab S. 162, hier sei aber schon mal verraten, dass Smartphones vor Schadsoftware relativ gut geschützt sind. Ein viel größeres Risiko sind Betrugsversuche, zum Beispiel per Phishing-E-Mail oder SMS, aber auch durch unseriöse Apps. Tatsache ist, Ihre persönlichen Daten besitzen einen hohen Wert für Werbefirmen, aber auch für Kriminelle, die auf Schwarzmärkten hohe Beträge für gestohlene Anmeldedaten zahlen.

Apps, die den Datenschutz ernst nehmen

Viele bekannte Apps stehen immer wieder wegen Datenschutzmängeln in der Kritik. Hinzu kommen all die neugierigen Webseiten, die es auf Ihre Daten abgesehen haben. Hier können Apps für sicheres Surfen wie 1.1.1.1 oder der Browser DuckDuckGo helfen. Auch ein guter Passwortverwalter wie 1Password ist sinnvoll. Vielleicht fragen Sie sich auch, ob Sie einem Konzern wie Facebook Zugriff auf Ihr Adressbuch erlauben sollen. Mit Threema und Signal gibt es schließlich Alternativen zu WhatsApp und Facebook Messenger.

1.1.1.1: Schneller und sicherer surfen

Verspricht eine App, dass Sie damit schneller und sicherer surfen können, ist zumindest das „schneller" fast immer Humbug. Eine der wenigen Ausnahmen ist das Tool 1.1.1.1, das der Dienstleister Cloudflare bereitstellt. Die App besteht aus gleich zwei Komponenten: Ein DNS-Server sorgt für Beschleunigung, ein VPN-Dienst für Sicherheit.

Einen schnellen DNS-Server nutzen

Einfach, aber effektiv ist die DNS-Funktion. Hier wird nichts am Smartphone selbst verändert, nur der voreingestellte DNS-Server wird durch einen Server von Cloudflare ersetzt, die Anfragen erfolgen außerdem verschlüsselt. Aufgabe eines DNS-Servers ist es, Internetadressen aufzulösen. Jedes Mal, wenn Sie eine Webadresse wie www.test.de im Browser eingeben, wird diese Anfrage zunächst an einen DNS-Server geschickt, der in einigen Millisekunden die Verbindung herstellt. Cloudflare verspricht, dass eine Anfrage über seinen Server besonders schnell erfolgt, sodass sich Seiten schneller laden.

Surfen Sie mit 1.1.1.1 wirklich schneller?

Laut Messungen der Seite DNSPerf ist dieser DNS-Server tatsächlich schneller als etwa der Dienst von Google. Die Beschleunigung ist also real, ob sie auch in der Praxis spürbar ist, ist jedoch schwer abzuschätzen. Empfehlenswert ist die App nur für erfahrene Anwender, da es durch die Änderung des DNS-Servers zu Problemen kommen kann. So funktionieren spezielle Telekom-Angebote wie Entertain nur, wenn der DNS-Server der Telekom ausgewählt ist, auch beim Play Store können Download-Verzögerungen auftreten. Option für Profis: Über die Voreinstellungen unter *Erweitert* können Sie *1.1.1.1 for Families* aktivieren. Der DNS-Server blockiert dann bekannte Malware-Seiten und Erwachsenen-Inhalte. Laut einem Test der Stiftung Warentest ist dieser Filter allerdings nicht besonders zuverlässig (www.test.de/Internetsicherheit-5625890-0/).

Sicherer surfen mit einem VPN-Dienst

Die zweite Komponente der App ist ein kostenloser VPN-Dienst namens WARP, der alle Internetzugriffe verschlüsselt. Es gibt keine Begrenzungen beim Datenvolumen. Im Unterschied zu anderen VPN-Diensten wie Avira (S. 158) handelt es sich hier jedoch nur um eine Art „VPN Light" – so kann man etwa keinen Standort im Ausland auswählen. Der VPN-Dienst sorgt für mehr Sicherheit, das Surftempo wird durch WARP jedoch verlangsamt. Zugriff auf einen schnelleren VPN-Dienst, genannt WARP+, erhalten Sie für 4 Euro monatlich.

So nutzen Sie (nur) den DNS-Server

Der Sinn von VPN-Diensten ist umstritten. Sie können aber ausschließlich die kostenlose DNS-Server-Funktion nutzen. Bei der Installation wird automatisch auch der VPN-Dienst WARP aktiviert. Um nur den DNS-Dienst zu nutzen, tippen Sie auf die drei kleinen Linien oben rechts und wählen *1.1.1.1* statt *1.1.1.1 mit WARP* aus.

Kurzüberblick

- Schneller kostenloser DNS-Server
- Kostenloser VPN-Dienst
- Zusätzliche Verschlüsselung der DNS-Anfragen
- Optionaler Jugendschutz
- Nutzung von WARP oder WARP+ verlangsamt das Surftempo

Alternative

→ **Surfshark DNS-Changer**

Beim DNS-Changer von Surfshark können Sie aus einer Liste freier DNS-Server wählen. Einige blocken Werbung oder Malware. Der kostenpflichtige, intensiv beworbene VPN-Dienst des Anbieters ist für die Nutzung nicht erforderlich. (Android / iOS)

Threema: Sicherer Messenger aus der Schweiz

Der Messenger Threema ist eine beliebte Alternative zu WhatsApp. So stiegen die Nutzerzahlen etwa im Rahmen der Snowden-Enthüllungen und nach dem Aufkauf von WhatsApp durch Facebook rapide an. Die Software ist seit 2012 auf dem Markt und hat sich einen Ruf als zuverlässiger, sicherer Messenger-Dienst bewahrt. Auch Unternehmen wie Daimler nutzen die Firmen-Version von Threema.

Textchats, Anrufe und einfache Umfragen

Die App bietet Textchats, Sprachnachrichten und Sprachanrufe. Sie können damit auch Fotos und Videos versenden, Dateien jeglichen Typs weitergeben und Gruppenchats führen. Eine Besonderheit ist die einfache Erstellung von Umfragen – etwa zur Frage, wohin es in der Mittagspause zum Essen gehen soll. Eine Nutzung vom Desktop ermöglicht die Browserversion Threema Web.

Hohe Sicherheits- und Datenschutzstandards

Als Pluspunkt gilt, dass die Server des Unternehmens in der Schweiz stehen und unabhängige Prüfungen der App einen hohen Sicherheitsstandard bescheinigen. Die Verbindungen sind Ende zu Ende verschlüsselt, es sollte deshalb selbst für den Anbieter nicht möglich sein, Ihre Chats zu erfassen. Im Datenschutz erfüllt die App ebenfalls hohe Standards, so nutzt sie zwar die Adressbücher des Nutzers, aber nur auf dem Smartphone. Anders als WhatsApp, das die Daten auf die Server des Herstellers lädt. Zudem muss bei der Anmeldung keine Telefonnummer angegeben werden, die Nutzung ist anonym möglich. Dazu wird Ihnen eine ID-Nummer zur Identifizierung zugeteilt. Es ist aber sinnvoll, diese ID mit Ihrer E-Mail-Adresse und Mobilfunknummer zu verknüpfen, denn so können andere Nutzer Sie als Threema-Nutzer identifizieren.

Nachteil: Alle Nutzer müssen die App kaufen

Im Unterschied zu Konkurrenten wie Signal ist die Software nicht quelloffen, was Sicherheitsexperten als Nachteil ansehen, denn eine öffentliche Überprüfung der Software auf Schwachstellen ist so nicht möglich. Außerdem kostet Threema einmalig 4 Euro. Das ist eigentlich günstig. Wollen Sie aber mit anderen Personen per Threema kommunizieren, müssen diese die App kaufen – wozu nicht jeder sofort bereit ist.

So speichern Sie einen Kontakt

Neue Kontakte können Sie über die Eingabe der ID in die Kontaktliste ergänzen. Tippen Sie dazu unter Kontakte auf das *Plus*-Symbol. Wahlweise können Sie nun die ID manuell eingeben oder per Smartphone-Kamera einlesen. Der andere Nutzer muss dazu in seiner Threema-App *Mein Profil* öffnen. Hier ist ein QR-Code zu sehen, den Ihre App mithilfe der Kamerafunktion scannen kann – ein einfacher und schneller Weg, um Kontaktdaten abzugleichen.

Kurzüberblick

- Hoher Sicherheitsstandard
- Server-Standort in der Schweiz
- Anonyme Nutzung ohne Telefonnummer möglich
- Für alle Nutzer kostenpflichtig
- Keine Videochats möglich
- Chats mit relativ wenig Komfortfunktionen

Alternative

→ **Telegram**

Hohe Datensicherheit verspricht auch der Dienst Telegram, einer der beliebtesten Messenger-Dienste. Der Funktionsumfang ist ausgezeichnet, auch Videochats sind möglich. Ganz unumstritten ist der Dienst allerdings nicht, zumal er auch von dubiosen Nutzern verwendet wird. (Android / iOS)

Signal: Kostenloser, weitverbreiteter Messenger

Sie suchen eine Alternative zu WhatsApp, die im Unterschied zu Threema kostenlos ist? Dann ist Signal eine gute Wahl. Im Google Play Store hat die App über 10 Millionen Downloads, etwa zehnmal so viele wie der Konkurrent aus der Schweiz, dem Signal auch beim Funktionsumfang überlegen ist.

Viele Funktionen, auch Videoanrufe möglich

Beim Funktionsumfang kann Signal mit WhatsApp und iChat mithalten. So ermöglicht die App neben Textchats und Sprachnachrichten auch Videoanrufe in guter Qualität. Auf Wunsch verwaltet das Tool bei Android-Smartphones die SMS-Nachrichten und importiert bestehende SMS-Archive. Desktop-Apps für Mac und PC sind ebenfalls verfügbar. Bei der Anmeldung geben Sie eine gültige Telefonnummer an, die per SMS bestätigt wird. Für Back-ups ist außerdem die Festlegung eines Kennwortes nötig.

Emojis, Sticker und Fotobearbeitung

Überzeugen kann der Messenger durch Komfortfunktionen: Sie können Emojis ergänzen, zusätzlich bietet die App auch Sticker-Sammlungen: Das sind kleine Grafiken, mit denen Sie Ihre Chats aufpeppen können. Mithilfe integrierter Funktionen können Sie Fotos vor dem Versand bearbeiten und Text ergänzen.

Spendenfinanzierte Open-Source-App

Der amerikanische Dienst finanziert sich komplett durch Spenden, auf Werbung oder das Sammeln von Nutzerdaten wird verzichtet. Die Verschlüsselung der Verbindung erfolgt nach dem sicheren Ende-zu-Ende-

Prinzip und ist laut Fachleuten auf hohem Niveau. Auch der Datenschutz gilt als vorbildlich. Beliebt ist die App nicht zuletzt unter Kritikern der US-Regierung. Standort des Unternehmens und der Firmenserver ist allerdings die USA, was als ein gewisses Sicherheitsrisiko gilt. Dafür haben die Entwickler von Anfang an den Quelltext der Software offengelegt, um Schutz vor versteckten Hintertüren zu garantieren. Interessant: Laut Hersteller soll die App auch in Gegenden mit langsamer Internetanbindung zuverlässig funktionieren.

Kurzüberblick

- Hoher Sicherheitsstandard
- Komplett durch Spenden finanziert
- Hoher Funktionsumfang
- Videotelefonie möglich
- Angabe der Telefonnummer notwendig

So erstellen Sie eine Einmalnachricht

Eine Besonderheit von Signal sind Foto-Nachrichten, die der Empfänger nur ein einziges Mal aufrufen kann. Nützlich ist die Funktion für private Fotos, aber auch für den Versand von sensiblen Daten wie Kennwörtern:

1. Wählen Sie in der Chat-Ansicht ein Foto aus, das Sie versenden wollen.
2. Vor dem Abschicken sehen Sie neben dem Eingabefenster eine kleine 8, die auf der Seite liegt: ∞, das Symbol für Unendlichkeit. Tippen Sie auf das Symbol, dann wird daraus eine *1*.
3. Der Empfänger erhält eine verschlüsselte Bilddatei, die er nur einmal öffnen kann.

Alternative

→ **WhatsApp**

WhatsApp ist der meistgenutzte Nachrichtendienst. Funktionsumfang und Bedienkomfort sind ausgezeichnet, die Anzahl der Nutzer ist riesig. In der Kritik ist der Dienst aber wegen seiner Anbindung an den Facebook-Konzern und den Umgangs mit Nutzerdaten. (Android / iOS)

DuckDuckGo: Ein Browser, der die Privatsphäre schützt

Millionen Nutzer suchen täglich mit Google, immer häufiger per Smartphone. Nur wenigen ist dabei klar, in welchem Umfang das Unternehmen ihre Daten erfasst. Sind Sie bei Google angemeldet, speichert und analysiert die Suchmaschine alle Suchanfragen, Standorte und Wegbeschreibungen, die Sprachanfragen per Google Assistant sogar als Audiodatei. Ist Ihnen bei dieser Datensammelwut unwohl, können Sie zu einer alternativen Suchmaschine wie DuckDuckGo wechseln.

Alternative Suchmaschine und eigenständiger Browser

Sie können DuckDuckGo in Ihrem Standard-Browser als alternative Suchmaschine auswählen, es gibt sie aber auch als eigenständige Browser-App. Das Unternehmen finanziert sich wie Google durch eingeblendete Werbung, allerdings sammelt es keine Nutzerdaten. Die Suchergebnisse sind nicht so umfangreich wie bei Google, aber akzeptabel. Der Dienst greift auf mehrere Suchmaschinen wie Yahoo, Bing und Wikipedia zu. Die Mobil-App von DuckDuckGo ist ein vollwertiger Browser, bei dem die firmeneigene Suchmaschine voreingestellt ist und der einige interessante Zusatzfunktionen bietet.

Schutz vor Tracking und automatisches Löschen

Auf Wunsch blockt die App sogenannte Tracking-Cookies automatisch. Cookies sind kleine Dateien, die normalerweise im Browser gespeichert werden und mit denen Webseitenbetreiber und Werbefirmen Surfer identifizieren und ihre Aktivitäten nachverfolgen können. Den Schutz der Privatsphäre garantiert auch ein kleiner Button mit *Feuer*-Symbol: Drücken Sie diesen Knopf, löscht die App automatisch alle Cookies und schließt alle offenen Seiten. Sie können auch einstellen, dass diese Aktion jedes Mal automatisch beim Öffnen der App erfolgt. Es gibt außerdem keine History, also kein Verzeichnis der bereits aufgerufenen Webseiten.

Bei iOS: Fingerabdruck oder Gesichtsscan

Die iOS-Version der App bietet noch weitere Schutzfunktionen. Sie können sich, wenn Sie das möchten, beim Programmstart per Fingerabdruck oder Gesichtsscan authentifizieren.

So machen Sie eine Webseite feuersicher

Das Entfernen der Cookies hat einen Nachteil: Es löscht auch Anmeldedaten bei Webseiten wie eBay oder Amazon. Einzelne Webseiten können Sie von der Löschung deshalb ausnehmen. Dazu machen Sie diese Seite „fireproof" bzw. „feuersicher", damit Ihre Anmeldedaten dort in Zukunft erhalten bleiben:

❶ Rufen Sie die gewünschte Webseite auf und tippen Sie auf die drei kleinen Punkte oben rechts.

❷ Die App blendet nun ein Fenster mit mehreren Optionen ein. Wählen Sie hier die Option *Feuersichere Website* bzw. *Fireproof Website*.

Kurzüberblick

- Suchmaschine ohne Datenspeicherung
- Werbung, aber ohne Tracking
- App mit weiteren Schutzfunktionen
- Suchergebnisse schlechter als die von Google
- Weniger Bedienkomfort
- iOS-Version englischsprachig

Alternative

→ **Brave**

Eine weitere Google-Alternative bietet der Mobilbrowser Brave. Der Browser nutzt die Suchmaschine Qwant, die ebenfalls die Privatsphäre des Benutzers schützt. Ein Werbeblocker ist integriert. (Android / iOS)

1Password: Passwortverwalter für alle Systeme

Sich sämtliche Anmeldedaten merken und sie immer wieder von Hand eingeben? Darauf hat wohl keiner Lust. Unter Android können Sie deshalb Anmeldedaten per Google Passwort Manager verwalten lassen, unter iOS bietet der iCloud-Schlüsselbund eine Ausfüllfunktion für Webseiten und Apps. Doch nicht jeder möchte seine Passwörter Google und Apple anvertrauen, Apples Passwortverwalter unterstützt zudem nur Apple-Geräte. Als Alternative gibt es zahlreiche Passwortverwalter von Drittanbietern, unter anderem 1Password von Agile, der im Test der Stiftung Warentest ein gutes Ergebnis erzielt hat (test 2/2020; www.test.de/Passwort-Manager-5231532-0/).

Problemlos zwischen Windows-PC und iPhone wechseln

Unter Mac-Anwendern ist 1Password sehr beliebt, der Passwortverwalter wird auch von Firmen wie IBM genutzt. Mit 4 Euro pro Monat ist er nicht gerade günstig, dafür ist per Cloud-Dienst ein Abgleich zwischen mehreren Geräten möglich. Der Vorteil: Ein auf dem Windows-PC neu vergebenes Passwort steht sofort auch auf dem iPhone zur Verfügung. Die App kann Anmeldeformulare, deren Daten sie verwaltet, automatisch ausfüllen, sodass die Anmeldung auf einer Webseite nur wenige Sekunden dauert.

Sensible Daten sicher verwalten

Auf dem Smartphone verwalten Sie die Passwörter über die mit einem Master-Passwort geschützte App, die Sie auch per Fingerabdruck oder Gesichtsscan entsperren können. Die App zeigt dann Passwörter und Anmeldedaten in einer geordneten Übersicht, hier können Sie zusätzlich Kreditkartendaten und sensible

Notizen verwalten. Ein einfaches Back-up der Daten ist möglich, der Export der gesammelten Passwörter wird unterstützt. Versionen für Familien und größere Unternehmen sind ebenfalls zu haben. Damit die Ausfüllfunktion der App funktioniert, müssen Sie allerdings einige Systemeinstellungen vornehmen, das erklärt die App aber ausführlich.

Kurzüberblick

- Plattformunabhängig
- Automatisches Ausfüllen von Anmeldedaten
- Unterstützt auch Kreditkarten und Notizen
- Relativ hoher Preis
- Etwas umständliche Konfiguration

So sichern Sie Ihre Anmeldedaten

Wirklich ärgerlich ist es, wenn man seine Anmeldedaten vergisst und sich dadurch aussperrt. Damit Ihnen das nicht passiert, empfiehlt 1Password den Download des Emergency-Kits – ein PDF, das alle Anmeldedaten enthält. Verfügbar ist es unter anderem über die Webseite des Anbieters:

1. Melden Sie sich auf der Seite 1Password.com an, Sie müssen dazu Ihre Anmeldedaten eingeben.
2. Nun können Sie Ihr Profil aufrufen.
3. Klicken Sie auf den Link *Save Emergency Kit*.
4. Ein PDF lädt sich, das alle Ihre Anmeldedaten enthält. Ein QR-Code ist ebenfalls zu sehen, über den Sie sich auf einem neuen Smartphone schnell anmelden können.

Alternative

→ **Keeper Security**

Der plattformübergreifend nutzbare Passwortverwalter schnitt im Test sogar noch besser ab als 1Password. Allerdings ist die Bedienung der Mobilversion etwas komplizierter. Er kostet in der Abo-Version 36 Euro im Jahr und bietet eine interessante Sonderfunktion namens BreachWatch, mit der Sie überprüfen können, ob Ihre Anmeldedaten durch Hacker im Web veröffentlicht wurden. (Android / iOS)

Avira Phantom VPN: Surfen mit Schutzschirm

Ein VPN-Dienst wie Avira Phantom kann sowohl die Sicherheit beim Surfen verbessern als auch die Privatsphäre schützen: Der gesamte Internetverkehr wird über einen Server des Anbieters umgeleitet und verschlüsselt. Eine Webseite wird dann nicht direkt, sondern über den Server des Anbieters aufgerufen. Das hat mehrere Vorteile. So anonymisiert dieser Server Ihre Zugriffe und durch die Verschlüsselung sind Sie besser geschützt vor Hackern oder Datensammlern. Nutzen Sie beispielsweise ein öffentliches WLAN, kann ein VPN-Dienst die Datensicherheit verbessern. Allerdings kann dadurch das Surftempo etwas sinken.

Beliebter Trick: Zugriff auf Inhalte im Ausland via VPN

Beliebt sind VPN-Dienste auch bei Fans ausländischer Videoangebote: Da Sie über den Anbieter einen Standort in Ländern wie England oder den USA vortäuschen können, erhalten Sie so Zugriff auf Inhalte, die nur in diesen Ländern verfügbar sind – etwa die US-Angebote von Netflix. Aber auch manche US-Zeitungen wie The Baltimore Sun sind aus Europa nicht verfügbar, eine Folge der DSGVO der EU.

Kostenlose Version zum Testen

In den App Stores gibt es zahllose VPN-Anbieter, darunter sind jedoch viele eher dubiose Firmen. Der deutsche Anbieter Avira ist seriös, die App kostet normalerweise 60 Euro im Jahr. Ein großer Vorteil: Als einer von wenigen VPN-Diensten ist Avira auch kostenlos nutzbar. Das ist eine gute Möglichkeit, um diese Technologie zu testen. Beim ersten Start bietet die App einen Test der kostenpflichtigen Version an. Lehnen Sie dies ab, dann steht Ihnen ein begrenztes Datenvolumen von 500 MB pro Monat kostenlos zur Verfügung. Das ist viel zu wenig für Videostreaming, aber genug für sichere E-Mails und einige Webseitenaufrufe. Die Bedienung ist einfach, nach der Installation der App können Sie aus einer Liste an Servern in verschiedenen Ländern einen Standort auswählen.

Kurzüberblick

- Viele Standorte
- Einfache Bedienung
- 500 MB kostenlos nutzbar
- Relativ hoher Preis der Abo-Version

So wählen Sie den Standort des Servers aus

Ein Vorteil von VPN-Diensten ist die Möglichkeit, den Serverstandort selbst auszuwählen. Gehen Sie dazu in den Einstellungen auf *Standort ändern*:

▶ **Zugriff auf bestimmte Dienste:** Sie können einen Standort in einem anderen Land gezielt auswählen, etwa wenn Sie einen für das Ausland gesperrten US-Dienst nutzen wollen. Für die USA sind in der Liste gleich mehrere Standorte aufgeführt.

▶ **Sicher surfen:** Wenn Sie mithilfe des VPN-Dienstes allerdings nur Ihre Daten absichern wollen, wählen Sie besser die Option *Nächstgelegener Ort*. Dann wählt die App einen Server in der EU, der meist eine bessere Performance und höhere Zuverlässigkeit bietet als ein weit entfernter Server.

Alternative

→ **Freedome VPN**

Der VPN-Dienst des renommierten Software-Herstellers F-Secure bietet einen guten Funktionsumfang und verspricht einen zusätzlichen Schutz vor Tracking. Mit einem Preis von 30 Euro pro Jahr ist der Dienst außerdem vergleichsweise günstig. (Android / iOS)

Smartphone sichern, Daten schützen

Smartphones verwalten immer mehr persönliche Daten und sogar Finanzinformationen. Kein Wunder, dass sie zunehmend zum Ziel von Hackern werden. Aber auch neugierige Werbefirmen haben es auf Ihre Daten abgesehen. Wir zeigen, wie Sie Ihr Gerät absichern und Ihre Daten schützen können.

Was bedeutet App-Sicherheit?

Die gute Nachricht zuerst: Ein aktuelles Smartphone ist relativ sicher. Je mehr Alltagsaufgaben das Gerät jedoch für Sie übernimmt und je mehr persönliche Daten Sie ihm anvertrauen, desto wichtiger sollten Ihnen Datensicherheit und der Schutz Ihrer Daten sein. Doch was genau ist damit eigentlich gemeint? Beim Thema App-Sicherheit kommt es oft zu Missverständnissen, da Datenschutz und Datensicherheit vermischt werden. Es handelt sich aber um unterschiedliche Probleme:

▶ **Datensicherheit:** Bei Datensicherheit geht es um den Schutz Ihrer Daten vor Gefahren wie Hackerangriffen, Malware oder Defekten. Durch Maßnahmen für mehr Datensicherheit wollen Sie verhindern, dass ein böswilliger Hacker mit einer Schadsoftware Ihre Daten löscht oder Ihre Banking-Daten stiehlt. Bei einem Android-Smartphone kann hier ein guter Virenscanner (S. 162) helfen, allgemein sollten Sie auf Anzeichen von Betrug achten (S. 171).

▶ **Datenschutz:** Schwerer zu fassen ist das Thema Datenschutz, bei dem es um den Schutz Ihrer persönlichen Daten wie Adressen, Standortdaten oder auch Gesundheitsdaten geht. Hier sind die Grenzen zwischen legalen und illegalen Zugriffen fließend und viele Anwender fühlen sich von Werbefirmen und neugierigen Marktforschern eher belästigt als bedroht. Man sollte das Thema aber nicht unterschätzen, immer mehr Anwender wollen ihre persönlichen Daten vor Missbrauch schützen. Ein guter Rat ist hier die regelmäßige Überprüfung der Zugriffsrechte Ihrer Apps (S. 166), aber es gibt noch andere Themen, auf die Sie achten sollten.

Virenschutz fürs Smartphone

Immer wieder liest man von gestohlenen Benutzerinformationen oder Erpresser-Malware, die Tausende PCs befällt. Selbst die als sicher geltenden Macs sind gelegentlich betroffen. Millionen von PC-Anwendern nutzen daher Antivirenprogramme, und die Idee, diese auch auf dem Smartphone zu installieren, liegt nahe. Ein modernes Smartphone ist aber weit besser vor Angriffen geschützt als jeder Windows-PC. Google und Apple achten außerdem genau darauf, ob die Apps in ihren Stores Malware enthalten, und überprüfen jede neue App – schon aus eigenem Interesse. Eine Antivirensoftware ist nicht nutzlos, aber weit weniger dringend nötig als unter Windows.

Benötigen Sie unter Android eine Antivirensoftware?

Der Anteil an Android-Malware ist zwar vergleichsweise gering, angesichts der Verbreitung von Android ist die Gefahr aber nicht zu unterschätzen. So gab es raffinierte Malware wie den Schädling Gustuff, der Anmeldedaten von Banking-Apps stahl und Geld abhob. Fälle von Ransomware, die Daten verschlüsselt und für das Kennwort eine hohe Geldsumme verlangt, sind ebenfalls bekannt.

Ein Sicherheitsproblem bei Android: Sie können relativ leicht Apps aus anderen Quellen installieren, so soll der Trojaner Gustuff über Links in SMS-Nachrichten auf die Geräte der Opfer gelangt sein. Aber auch Google Play war nicht immer frei von Apps mit Schadsoftware. Google hat zwar bereits mit Google Play Protect einen eigenen Malware-Scanner eingeführt, der jede App vor dem Download und auf dem Gerät prüft. Laut einem Test der Stiftung Warentest ist dieser Scanner aber keineswegs perfekt, Scanner anderer Hersteller liefern oft bessere Ergebnisse. Mehr zu diesem Test finden Sie in test 1/2019 oder unter www.test.de/Sicherheits-Apps-fuer-Smartphones-4970309-0/.

Installieren Sie häufig neue Apps und nutzen Sie Ihr Smartphone für Online-Banking, kann ein gelegentlicher Antiviren-Scan nicht schaden. Eine gute Ergänzung zu Play Protect ist etwa die Software Eset Mobile Security, eine gute kostenlose Lösung AVG Antivirus. Was eine Antivirensoftware aber nicht erkennt, ist eine App, die gegen den Datenschutz verstößt und etwa an ein Werbeunternehmen Nutzerdaten übermittelt.

Benötigen Sie unter iOS eine Antivirensoftware?

Bei einem iOS-Gerät ist die Gefahr einer Malware-Attacke sehr gering. Das System und die Daten des Benutzers sind gegen Zugriffe von einer App oder Spyware abgeschottet. Ein Anwender kann sich außerdem darauf verlassen, dass Apple den App Store frei von Malware hält – oder zumindest ebenso schnell reagiert wie ein Hersteller von Antivirensoftware.

→ **Keine Antiviren-Apps in Apples App Store**

Antiviren-Apps würden sich im App Store wohl gut verkaufen, es gibt einfach zu viele Windows-Anwender, die durch Malware schon Probleme hatten. Vermutlich um diese Anwender zu überzeugen, verbannte Apple Antivirensoftware aus dem App Store. Allein ihre Existenz widerspräche schließlich dem Versprechen, iOS sei ein sicheres Betriebssystem.

Ein kleiner Schönheitsfehler bleibt: Ist eine App installiert, bleibt sie ungeprüft auf dem iPhone. Da iOS-Malware aber sehr selten ist, bleibt eine schädliche App nicht lange unentdeckt.

Das hohe Schutzniveau bezieht sich aber nur auf Angriffe von Hackern und durch Schadsoftware. Kaum einen Schutz gibt es gegen

Spyware von Regierungen und Behörden. Mit Pegasus ist eine iOS-Spyware aufgetaucht, die iPhones ausspioniert. Hier sind Aufwand und Kosten allerdings so hoch, dass nur Regierungen dazu in der Lage sind. Als Privatanwender kann man sich sicher fühlen, absolute Sicherheit bietet aber auch Apple nicht.

VPN: Sinnvoller als Antivirensoftware?

Es gibt außer Antivirensoftware aber noch andere Tools für mehr Sicherheit am Smartphone. Eine VPN-Lösung schützt beispielsweise wie eine zusätzliche Schutzschicht ein- und ausgehende Datenverbindungen vor Hackern oder anderen Überwachungen. Interessant ist sie aber nur für unsichere freie Hotspots, etwa in einem Café – im heimischen WLAN bringt sie kaum zusätzliche Sicherheit.

Das Bereitstellen der Server kostet den Betreiber Gebühren, kostenlose VPN-Dienste bieten deshalb meist nur wenige Hundert MB an Datenvolumen. Recht brauchbar ist zum Beispiel der Dienst von Avira (S. 158), eine interessante kostenlose Alternative bietet der Dienst 1.1.1.1 (S. 148), der neben VPN auch schnelleres Surfen verspricht.

Updates und der Schutz durch das System

Die wichtigste Voraussetzung für ein sicheres Smartphone – wichtiger als ein Virenscanner oder jede VPN-App – ist eine aktuelle Systemversion. Grund dafür ist, dass kein Betriebssystem frei von Fehlern ist. Jedes System hat Sicherheitslücken, die im Laufe der Zeit entdeckt und vom Hersteller geschlossen werden. Ist eine dieser Sicherheitslücken nicht behoben, kann sie von Hackern ausgenutzt werden, um Zugriff auf das System zu erlangen und eine Spyware zu installieren. Ein Smartphone, das lange nicht mehr aktualisiert wurde, ist deshalb besonders stark gefährdet.

→ **Wird das System noch aktualisiert?**
Beim Thema Updates haben iOS-Nutzer einen Vorteil: Apple liefert regelmäßig Sicherheitsupdates aus und unterstützt auch ältere Modelle sehr lange. So ist das neue System iOS 14 sogar noch mit dem iPhone 6S kompatibel, das schon 2015 erschienen ist. Viele Hersteller von Android-Handys liefern dagegen nur ein oder zwei Jahre Updates für ihr Gerät, selbst Google garantiert nur drei Jahre an Sicherheitsupdates. Ein Smartphone mit einem nicht mehr aktualisierten System sollten Sie aus Sicherheitsgründen nicht mehr verwenden.

Oft haben auch einzelne Apps Sicherheitslücken, die der Hersteller der App, sobald sie entdeckt werden, durch Updates schließt. Zusätzlich zum System sollte man deshalb seine Apps regelmäßig aktualisieren. Beide Systeme bieten die automatische Aktualisierung der installierten Apps.

Jailbreak und Rooten? Besser nicht!

Als iPhone-Nutzer genießen Sie schon allein dadurch einen grundlegenden Schutz, dass Sie ausschließlich Apps aus Apples App Store installieren können. Genau genommen stimmt das aber nicht ganz, denn es gibt doch eine Methode, um iOS-Apps auch ohne den App Store zu installieren: einen sogenannten Jailbreak, bei dem man die Sperren des Systems per Software deaktiviert. Nach einem Eingriff in das Betriebssystem ist dann die freie Installation von Software möglich – leider allerdings auch ein Befall mit Malware. Im Dezember 2015 trat beispielsweise der Trojaner TinyV auf, der sich über illegale Versionen von iOS-Spielen verbreitete. Ein Jailbreak ist daher durchaus riskant und in den meisten Fällen nicht zu empfehlen.

Eine ähnliche „Freischaltung" gibt es auch bei Android-Smartphones, das sogenannte Rooten. Das Betriebssystem eines Android-Smartphones weist aus Sicherheitsgründen einige Einschränkungen auf, so sind bestimmte Zugriffe auf das System oder andere Apps verboten. Mit dem Rooten werden diese Sperren aufgehoben. Oft ist der Grund für diese Aktion die Installation von Spielen oder anderen Tools, auch die Installation eines alternativen Android-Betriebssystems wie CyanogenMod erfordert dieses Rooten. Aus Sicherheitsgründen ist dies aber nicht zu empfehlen, da das System unsicher wird und Malware ein leichtes Spiel hat.

Empfehlung: Regelmäßige Back-ups

Auf jeden Fall empfehlenswert sind hingegen regelmäßige Back-ups des Smartphones. Für Android ist eine Sicherung der wichtigsten Daten per Google Drive möglich, Apple bietet eine Sicherung über den eigenen Speicherdienst iCloud oder eine lokale Sicherung per Mac oder PC.

Leider gibt es für die Sicherung der Daten einzelner Apps wie WhatsApp oder Threema keine allgemeingültige Lösung, hier müssen Sie oft für jede App einzeln eine Datensicherung konfigurieren. Die meisten iOS-Apps unterstützen Back-ups auf die iCloud oder einen firmeneigenen Cloud-Dienst. Bei Android-Apps sind oft Back-ups auf eine SD-Speicherkarte möglich.

App-Berechtigungen

Dass Malware plötzlich anfängt, Ihre Nutzerdaten zu verschlüsseln, oder Daten löscht, ist in der Praxis glücklicherweise sehr selten. Ein sehr alltägliches Problem sind dagegen Apps, die heimlich Nutzerdaten ausspähen. Einer kostenlosen System-Tuning-App wurde etwa nachgewiesen, dass sie erfasst, welche Webseiten ein Nutzer besucht. Viele Mode-Apps überwachen die Bewegungsdaten ihrer kauffreudigen Nutzerinnen. Oft stecken Marktforschungsunternehmen hinter solchen Späh-Aktionen. Es gibt eine regelrechte Industrie an Marketing-Firmen, die Standortdaten sammeln – auf beiden Smartphone-Systemen.

→ **Wozu braucht die App die Berechtigung?**

Will eine App auf die Kamera, das Mikrofon oder auch den Standort zugreifen, muss sie vorher den Benutzer um Erlaubnis bitten. Hier sollten Sie sich immer fragen, ob diese Erlaubnis nötig ist. Eine App wie Pollenflug (S. 44) benötigt etwa Ihren Standort, um die passenden Pollenwarnungen abrufen zu können – eine sinnvolle Funktion. Will aber eine Spiele-App oder eine Porträt-App Zugriff auf Ihr Adressbuch oder die Ortungsfunktion, ist das verdächtig.

Darauf sollten Sie bei einer Android-App achten

Sie können nachträglich alle Berechtigungen einer App überprüfen. Dazu tippen Sie in der App-Übersicht einige Sekunden auf das App-Icon, bis Sie ein Kontextmenü sehen. Tippen Sie hier auf *App-Details* oder ein kleines *i* in einem Kreis, öffnet sich ein Fenster mit Informationen über die App – inklusive aller Berechtigungen: *Körpersensoren*, *Kalender*, *Kamera*, *Kontakte*, *Standort*, *Mikrofon*, *Telefon*, *SMS* und *Speicher*. Eine Übersicht über alle Berechtigungen liefert Ihnen die Systemeinstellung *Berechtigungsmanager*. Hier können Sie sich regelmäßig die Berechtigungen Ihrer Apps auflisten lassen und beispielsweise nachprüfen, welche davon Zugriff auf das Adressbuch haben.

> **Tipp**
>
> **Besonders heikel ist die Funktion Bedienungshilfe:** Darf eine App diese Funktion nutzen, hat sie uneingeschränkten Zugriff auf Ihr Gerät und kann Eingaben verfolgen, Aktionen ausführen und den Bildschirm steuern. Welche Apps diese besondere Erlaubnis besitzen, sehen Sie unter Android in der Systemeinstellung *Datenschutz* unter *Nutzung der Bedienungshilfe*.

Darauf sollten Sie bei einer iPhone-App achten

Probleme mit Apps, die heimlich Informationen über ihre Nutzer sammeln, gibt es auch bei iOS. Mit jedem Update hat Apple den Schutz privater Daten verbessert; einfach machtlos ist Apple jedoch, wenn eine Social-Media-App ausdrücklich um den Zugriff auf das Adressbuch bittet, „um nach Freunden im Netzwerk zu suchen", oder per GPS nahe Freunde anzeigen will. Hier ist beim Nutzer gesunder Menschenverstand gefragt. Eine iPhone-App muss schließlich vor dem Zugriff auf sensible Funktionen um Erlaubnis fragen. Der Benutzer kann wählen, ob eine Funktion wie der Zugriff auf die Kamera nur einmalig oder immer beim Verwenden der App erlaubt sein soll. Bei einer einmaligen Erlaubnis muss die App das nächste Mal erneut um Erlaubnis fragen.

All diese Berechtigungen und Zugriffe listet das System unter der Einstellung *Datenschutz* auf. Hier sehen Sie 15 Kategorien, darunter *Kontakte*, *Fotos*, *Mikrofon*, *Kamera* und *Kalender*. Tippen Sie auf eine der Kategorien, sehen Sie, welche Apps Zugriffsrechte besitzen. Sie können diese nachträglich ändern.

Viel Aufmerksamkeit widmet das System den Ortungsdiensten, über die eine App den aktuellen Standort des Benutzers erfragt. Grund dafür ist, dass diese Funktion oft von Werbefirmen missbraucht wird. Nutze eine App vor Kurzem diese Funktion, wird dies in der Liste der Apps mit einem kleinen Pfeil angezeigt. Dieser kleine Pfeil erscheint auch kurz in der Menüleiste, wenn die App auf Ortungsdienste zugreift. Besonders wichtige Zugriffe signalisiert das System ebenfalls: Beim Zugriff auf das Mikrofon sehen Sie ein kleines rotes Mikrofon in der Kopfleiste des iPhones.

Authentifizierung

Bei jedem Start der Banking-App das Kennwort einzugeben ist lästig, bei immer mehr Diensten muss man zusätzlich einen Bestätigungscode anfordern. Eine Anmeldung per Fingerabdruck oder Gesichtsscan ist da weit komfortabler und dauert nur Sekunden.

Wie sicher sind biometrische Verfahren?

Sind diese Anmeldeverfahren aber überhaupt sicher? Schließlich gibt immer wieder „Hacks" von Sicherheitsspezialisten wie dem Chaos Computer Club, die Gesichtsscanner und Fingerabdruckscanner überlisten. Vor allem Fingerabdruckscanner scheinen nach Fachmeinung nur einen begrenzten Schutz zu bieten – ein Profi kann einen Fingerabdruck relativ einfach nachmachen. Dies war mit ein Grund, warum Apple den Gesichtsscan FaceID eingeführt hat. Moderne Gesichtsscanner wie Apples FaceID sind weit sicherer und lassen sich allenfalls unter Laborbedingungen überlisten. Aber auch ein Fingerabdruckscanner ist für einen Privatanwender ausreichend sicher und genügt, um die

Konfigurieren von Face ID
Positioniere dein Gesicht zunächst im Kamerarahmen. Beschreibe einen Kreis mit einem Gesicht, sodass es von allen Blickwinke zu sehen ist.

Anheben und erneut berühren
Lege deinen Finger auf den Sensor und hebe ihn an, wenn du eine Vibration spürst.

Online-Banking-App zu schützen. Diese biometrischen Sperren erhöhen die Sicherheit schließlich noch aus einem weiteren Grund: Eine Anmeldung ist nur möglich, wenn Sie persönlich vor dem Gerät sitzen.

Mehr Sicherheit durch Zwei-Faktor-Authentifizierung (2FA)

Passwörter können in falsche Hände geraten, etwa durch einen Hack oder weil sie (mithilfe von Rechenleistung) erraten werden. Ist dann ein Online-Konto wie eBay nur per Passwort geschützt, kann jeder Unbefugte darauf zugreifen. Immer mehr Dienste sichern Konten deshalb durch einen zusätzlichen Sicherheitsfaktor ab. Man spricht bei diesem Vorgehen von Zwei-Faktor-Authentifizierung oder 2FA.

→ **Warum ist 2FA besonders sicher?**

Bei der Zwei-Faktor-Authentifizierung bekommt man nach der Passworteingabe zum Beispiel einen Zahlencode aufs Smartphone geschickt, der eingegeben werden muss, um sich erfolgreich anzumelden. Der Trick dabei: Sie können zwar weiterhin von jedem Computer aus die Webseite aufrufen und das Passwort eingeben, zusätzlich muss aber ein legitimiertes Gerät – hier Ihr Smartphone – in Griffweite sein, damit Sie sich einloggen können. Ein Unbefugter müsste also nicht nur Ihr Passwort kennen, sondern auch in den Besitz Ihres Smartphones kommen. Beide Faktoren zusammen bieten daher einen sehr guten Schutz.

Die Zwei-Faktor-Authentifizierung ist sehr zu empfehlen, auch wenn die Eingabe des zusätzlichen Codes auf Dauer lästig ist. Die Rolle des Codes wird in Zukunft immer häufiger ein Gesichtsscan oder Fingerabdruck übernehmen, da neue Standards wie WebAuth bzw. FIDO dies möglich machen werden.

Weitere Risiken und Schutzmöglichkeiten

Der kritischste Bereich des Systems ist der Browser, ist das Web doch die größte Gefahrenquelle. Dass die gängigen Smartphone-Browser Flash und Adobe Reader nicht unterstützen, ist aber bereits ein guter Schutz vor Attacken. Die Browser weisen zwar immer wieder Sicherheitslücken auf, die Hacker für Angriffe nutzen könnten, in der Praxis ist die Gefahr aber gering, da Sicherheitslücken schnell durch Updates (S. 164) geschlossen werden.

Betrügerische Scareware

Kaum eine Verteidigung hilft vor plumpen Javascript-Attacken, bei denen sich Betrüger als BKA oder andere Behörde ausgeben und über ein Pop-up-Fenster Geld verlangen. Allerdings hat sich die Harmlosigkeit dieser sogenannten Scareware längst herumgesprochen – Sie sollten solche Pop-ups einfach ignorieren. Zumindest unter iOS ist der Download von Malware so gut wie unmöglich, können Hacker doch per Mobilbrowser keine bösartigen Programme auf Ihrem Gerät installieren. Allenfalls laden Sie Dateien, die einem Windows-Rechner oder Mac gefährlich werden könnten. Diese Angriffsvariante ist aber sehr theoretisch.

→ **Kein Schutz ist perfekt**
Browser wie Safari und Chrome blocken bereits bekannte Malware- und Phishing-Seiten. Wenn Sie jedoch per E-Mail oder Werbebanner auf eine betrügerische Seite gelockt werden, ist diese oft erst wenige Stunden alt. Kein Schutzsystem kann sie deshalb zuverlässig erkennen. Hier sind also Sie als Nutzer gefragt: Sie sollten misstrauisch werden, wenn die heimische Sparkasse per E-Mail Anmeldedaten anfordert oder Sie angeblich gerade einen 7er-BMW gewonnen haben.

Schutz durch Werbe- und Trackingblocker

Einige Mobilbrowser unterstützen die Nutzung von Werbeblockern, sogenannten Adblockern wie beispielsweise Adblock Plus (S. 100). Diese schützen Sie nicht nur vor Werbung, sondern auch vor Trackern, Analytics- und Sharing-Funktionen. Über diese Apps können Sie also nicht nur Werbung blocken, sondern auch den Schutz vor Spam-Seiten verbessern.

> **Tipp**
>
> **Abos regelmäßig prüfen:** Allgemein sollten Sie Ihre Abos im Blick behalten, geht es hier doch schnell um hohe Beträge. Das betrifft auch kostenpflichtige Apps, die zwar absolut seriös sind, die Sie aber vielleicht schlicht und einfach gar nicht (mehr) brauchen. In der App Google Play finden Sie Ihre Abos in der Menüfunktion *Abos* aufgelistet, unter iOS wählen Sie die Einstellung *Apple ID* und tippen dann auf *Abonnements*.

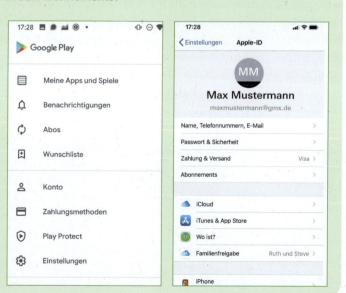

Stiftung Warentest | Smartphone sichern, Daten schützen

Abo-Betrug und Fleeceware

Eine der neueren Gefahren eines App Stores ist die sogenannte „Fleeceware" – eine Bezeichnung, die die Sicherheitsfirma Sophos geprägt hat. Es gibt immer wieder Apps in den Stores, die eigentlich keine echte Funktionalität bieten, aber sehr hohe Abo-Gebühren in Rechnung stellen. Sie sind keine Malware, begehen auch keine Verstöße gegen den Datenschutz. Für einen App-Store-Betreiber oder eine Antivirensoftware sind sie daher kaum als Betrug zu erkennen. Schließlich machen sie nichts anderes, als für ihre Leistung einen völlig überhöhten Preis zu verlangen.

So gab es etwa im Android-Store eine GIF-App, bei der nach einem Testzeitraum von drei Tagen eine Abo-Gebühr von 96 Dollar fällig wurde. Einige Apps dieser Kategorie fordern schon vor dem Beginn der Testphase die Angabe von Zahlungsinformationen und verlangen dann nach Ablauf der Testphase hohe Summen. Ein weiteres Beispiel ist die VPN-App Beetle VPN, die durch gute Bewertungen und sehr positive Rezensionen auffiel. Bei dieser App wird aber nach Ablauf des Probezeitraums nicht nur eine ziemlich hohe Abo-Gebühr von 9,99 Dollar pro Woche fällig, es wird darüber hinaus gar keine VPN-Verbindung aufgebaut, wie Prüfungen der Firma Avast ergaben. Auch die Rezensionen wirkten bei näherer Betrachtung verdächtig, waren also vermutlich gefälscht.

Ein Blick in die Bewertungen reicht im Zweifelsfall also leider nicht aus. Besser ist es, sich die App – und nicht zuletzt ihr Finanzierungskonzept (mehr dazu auf S. 18) – vorher genau anzusehen und sich wenn möglich bei unabhängigen, seriösen Quellen über die App zu informieren.

Stichwortverzeichnis

A

Abnehmen 118, 120
Abos 18
– Betrug (siehe Fleeceware)
– kündigen (Android) 17
– kündigen (iOS) 12
– verwalten 172
Akku-Wartung 106
Aktieninformationen 128
Aktien kaufen 132
Animationseffekte 24
Antivirensoftware 162–164
Audioplattform 136
Audiostreaming 138
Aufräumtool 96
Augmented Reality (AR) 49, 54, 58, 65, 68
Ausgaben erfassen 124, 126
Authentifizierung 155, 159, 169, 170
Automatisieren von Aufgaben 84

B

Back-up 166
Banking-Apps 123
– alle Konten 124, 126
– GLS Bank 127
– Sparkasse 125
Barcode scannen 41, 113, 117, 120
Benchmark-Programm 102
Berechtigungen von Apps 166–168

Bewertungen 8, 14, 19, 173
Bildbearbeitung 22
Browser, alternativer 100, 101, 154, 155
Budgets festlegen 126

C

Carsharing 72
Cloud-Office 82
Cookies entfernen 155

D

Dateien verwalten 96
Datenschutz 161
– , Apps für mehr 100, 147, 150, 152, 154, 158
– , Kritik an 31, 33, 39, 91, 153
Datensicherheit 150, 156, 158, 161
Deinstallation einer App
– Android 17
– iOS 12
DNS-Server, alternativer 148
Dokument abfotografieren 88

E

Einkaufsliste 112
Einmalnachricht 153
Elektrofahrzeuge 72
E-Mails verwalten 80

Ende-zu-Ende-Verschlüsselung 150, 152
Ernährung überwachen 120
ETF-Sparplan einrichten 133

F

Fahrrad fahren 66
Fasten 118
Fernzugriff 98
Finanzinformationen 128
Fleeceware 173
Flugtracker 77
Foto-Überweisung 127

H, I, J

Himmelskörper erkennen 58
Installation einer App
– Android 13
– iOS 7
Jailbreak 165

K

Kauf einer App
– Android 14
– iOS 9
Konferenz, virtuell (siehe Videochat)
Kopfschmerz-Schnelltest 43
Kreditkarte, kostenlose 130

L

Layoutvorlagen 28
Lebensmittelverschwendung stoppen 114
Leistung d. Smartphones messen 102
Linien korrigieren (Foto) 23
Live View 68
Loop-Video (siehe Animationseffekte)

M

Make-up 30, 32
Medienplayer 97, 136, 144
Medikamente-Datenbank 40
Meditation 36
Medizin-Apps 35, 38, 40, 42, 44
Messenger 150, 152
Migränetagebuch 42
Musik hören 135, 136, 138
Musik produzieren 140
Musik veröffentlichen 136

N

Netzwerkprobleme lösen 104
Notizen-App 86

O

Öffentlicher Personennahverkehr (ÖPNV) 70
Office-Paket 82
Orientierung, schnelle 54, 68

P

Passwortverwalter 156
Pilze bestimmen 60
Ping-Test 105
Podcast-App 142
Podcasts 136, 138, 142
Pollenallergie 44, 47
Porträtfoto verbessern 31
Porträtfoto-Effekte 32

R

Restaurants, vegetarisch/vegan 116
Resteküche 115
Rezeptsammlung 110
Rooten 166

S

Scareware 171
Schiffe identifizieren 76
Seekarten 74
Speicherplatz sparen 96
Städtereise 52
Standort ändern 159
Suchmaschine, anonyme 154
Surfen, schnelleres 100, 148
Symptome einschätzen 38

T

Tablet 7, 9
Teamarbeit 80, 82, 92
Texterfassung, automatische 88
Touren planen 65
– ÖPNV 70
– Rad 66
– Städtereise 52
– veg. Restaurants 117
– Wandern 50
Twitter-Automatisierung erstellen 85

V

Vegetarische/vegane Angebote 116
Verwaltung von Apps
– Android 16
– iOS 10, 11
Videobearbeitung 26
Videochat 90, 92
Videos für soziale Medien 24, 26
Visitenkarte erstellen 29
Vögel bestimmen 62
Vokabeltrainer 57
Vorher-Nachher-Bild erstellen 33
VPN-Dienst 148, 158, 164

W

Wandern 50
Wartungstools 95, 96, 98, 102, 104, 106
Werbeblocker 100, 172
Wetter-App 45, 46
Wörterbuch-App 56

Z

Zahlungsdienstleister 130

Die Stiftung Warentest wurde 1964 auf Beschluss des Deutschen Bundestages gegründet, um dem Verbraucher durch vergleichende Tests von Waren und Dienstleistungen eine unabhängige und objektive Unterstützung zu bieten.
Wir kaufen – anonym im Handel, nehmen Dienstleistungen verdeckt in Anspruch.
Wir testen – mit wissenschaftlichen Methoden in unabhängigen Instituten nach unseren Vorgaben.
Wir bewerten – von sehr gut bis mangelhaft, ausschließlich auf Basis der objektivierten Untersuchungsergebnisse.
Wir veröffentlichen – anzeigenfrei in unseren Büchern, den Zeitschriften test und Finanztest und im Internet unter www.test.de

Der Autor **Stephan Wiesend** arbeitet seit 2003 als freier Fachautor und schreibt für Magazine und Webseiten wie Macwelt, Maclife und Computerwoche regelmäßig Artikel rund um die Themen iOS und macOS.

© 2020 Stiftung Warentest, Berlin

Stiftung Warentest
Lützowplatz 11–13
10785 Berlin
Telefon 0 30/26 31–0
Fax 0 30/26 31–25 25
www.test.de
email@stiftung-warentest.de

USt-IdNr.: DE136725570

Vorstand: Hubertus Primus
Weitere Mitglieder der Geschäftsleitung:
Dr. Holger Brackemann, Julia Bönisch, Daniel Gläser

Alle veröffentlichten Beiträge sind urheberrechtlich geschützt. Die Reproduktion – ganz oder in Teilen – bedarf ungeachtet des Mediums der vorherigen schriftlichen Zustimmung des Verlags. Alle übrigen Rechte bleiben vorbehalten.

Programmleitung: Niclas Dewitz

Autor: Stephan Wiesend

Projektleitung: Eva Gößwein, Johannes Tretau, Veronika Schuster
Lektorat: Eva Gößwein, Berlin
Mitarbeit: Merit Niemeitz
Korrektorat: Susanne Reinhold, Berlin
Titelentwurf: Christian Königsmann
Layout: Büro Brendel, Berlin
Grafik, Satz, Bildredaktion: Anne-Katrin Körbi
Bildnachweis: GettyImages (Titel, Umschlag Rückseite); Stephan Wiesend (Screenshots)
Produktion: Vera Göring
Verlagsherstellung: Rita Brosius (Ltg.), Romy Alig, Susanne Beeh
Litho: tiff.any, Berlin
Druck: Rasch Druckerei und Verlag GmbH & Co. KG, Bramsche

ISBN: 978-3-7471-0330-2

Wir haben für dieses Buch 100 % Recyclingpapier und mineralölfreie Druckfarben verwendet. Stiftung Warentest druckt ausschließlich in Deutschland, weil hier hohe Umweltstandards gelten und kurze Transportwege für geringe CO_2-Emissionen sorgen. Auch die Weiterverarbeitung erfolgt ausschließlich in Deutschland.